井上裕之　経営学博士／歯学博士

結果を出し続ける人が行動する前に考えていること

はじめに

世界初、日本初、88冊の本を出す……。その秘訣を惜しみなく公開

▼歯科医師……国内外8大学で役職を歴任／ニューヨーク大学のＣＤＥインプラントプログラムを日本人ではじめて卒業

▼潜在意識の専門家……潜在意識の世界的権威「ジョセフ・マーフィー・インスティテュート公認グランドマスター」（世界初）

▼著者……歯の健康や潜在意識をテーマに出版。88冊（２０２５年1月時点）の著書があり、累計１４０万部超

いきなりですが、簡単に自己紹介の一部をさせていただきました。

私は歯科医師、歯学博士、経営学博士、講演家など複数の肩書で活動をしております井

上裕之と申します。プロフィールにつきましてはカバーにも記載していますが、よく注目していただく経歴は、先に挙げた3つが多かった気がします。

北海道の出身で、ニューヨーク大学、ペンシルベニア大学などで研鑽(けんさん)を積み、歯科医院を経営。医療技術で好評を得て、テレビや雑誌にも度々取り上げていただきました。その傍(かたわ)らで、講演家として全国を飛び回り、書籍の執筆活動もしてきました。

2025年1月現在の今は61歳で還暦を超えましたが、歯科医師や講演家や著者など、どれも継続中ですし、「昔より今のほうがもっと良いものを！」という意思で続けております。

88冊の本を出したというのは、何となく多いことはイメージできると思います。どれくらいの程度なのかというと、実は1冊出すだけでも難しく、一人で10冊以上出した著者となるとだいぶ減り、50冊以上になるとベストセラー著者と呼ばれている人の中でも非常に限られます。

しかも私の場合、全部の本が出版社などから企画を提案していただいて出しています。もっと言うと、以前の私の著書と類似したテーマを振られることもありますが、それでも出すことがありますし、増刷（売れ行き好調につき、追加で印刷すること）になっているものばかりです。その結果、累計140万部突破となりました。

なぜそんなことができるのかというと、近いテーマでも私自身が知見をどんどん増やしているので、前の本とは違う、それどころか進化した内容を盛り込むことができるからです。

「1回や2回、これほどの結果を出すだけでもすごいのに、何十年もずっと結果を出し続けているのが、すごすぎます！　どうすると、そんな離れ業（はなれわざ）ができるんですか？」。本書の編集担当者から、そんな質問を受けました。

そこで私は思いました。「今までこのテーマで本を出したことがないな。というより、私が書いた本に限らず、このテーマの本は珍しい。少なくとも、私もこの編集者も見たことがない。なら今回は、それをテーマにしてみようかな」。

そのようにして出来上がったのが本書となります。

「結果を何十年も、そしてこれからも出し続ける秘訣」を、惜しみなくこの1冊にまとめました。

▼無理が勝手に無理でなくなる仕組みの作り方

私のしてきたことは、自分で言うのも何ですが、相当に難しいものが多く、かなりの手間や努力を求められることばかりかもしれません。

確かに、決して簡単だとは言えず、「ラクしてうまくいく」なんてことはありません。世の中そんなに甘くありません。そこは最初から、正直にお伝えしておきます。

しかし、です。**結果を出し続ける必要最低限のことがあり、その状態にうまく自分をはめ込んでしまえる仕組みが、もしあったとしたら？　その仕組みを誰もが作れるとしたら、知りたくありませんか？**

仕組みに乗っかるだけで、周りから見たら努力し続けているように見えるかもしれないけれど、本人としてはその自覚がないということも、夢ではありません。

さらに申し上げますと、**「結果を出し続けるのは、行動する前で大きく決まる」**とも言いたいのです。

そこで本書のタイトルは、

『結果を出し続ける人が行動する前に考えていること　～無理が勝手に無理でなくなる仕組みの作り方』

としました。

本書の編集担当者は、次のようにもおっしゃっていました。

「井上先生は何十年も結果を出し続けています。つまりは、まぐれではなく、長年身をもって証明してきたことに対し、ベースにあることが存在するはずです。それを本書ではお伝えしてほしいのです」と。

そのあたりにも配慮して、今お伝えできることは、私の経験や知見を総動員して載せました。


本書にはたとえば、次のようなことを載せています。

▼「得意なこと」より「やりたいこと」を優先する
▼「やりたいこと」がないのなら、「稼げること」をやればいい
▼「自分が先で、周りは後」でいい
▼前例がないなら、自分自身が前例になれ
▼「誰に、どう評価されたいか」を考えてプロフィールを作る
▼目標設定は「今の自分の2割増し」がちょうどいい
▼無駄を経験しなければ、無駄なプロセスを省くことはできない

▼「極端に振って考える」と、新たな視点が発見できる
▼何でもいいから1番を取って、1番の喜びを知る
▼ゼロか100であらゆることに臨む
▼借金をいち早く返済する方法は、さらにお金を使うこと
▼流行は追うものではない。使い倒すもの
▼苦手な相手、嫌いな相手こそ利用価値がある
▼選択は「カッコいい」か「カッコ悪い」かで判断

「えっ⁉」と驚かれることも、多いかもしれません。しかし奇をてらっているのではなく、今も大事にしていることばかりです。

一度お読みになりましたら、きっと納得していただけるかと思います。少なくとも私は、これで今まであらゆる活動をしてきました。

人生にやり直しは利きません。と同時に、これからいくらでも挽回できます。遅すぎるということはなく、今日から始めればいいだけ。

さあ、これからこそ後悔のない人生を開始し、幸せをつかんでみませんか？

２０２５年１月　井上裕之

目次

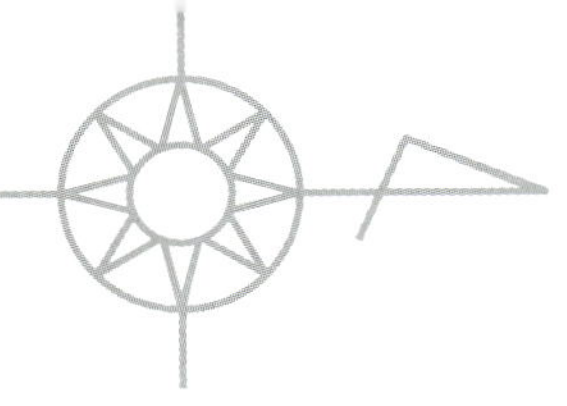

第1章

価値が高い上 現実的に自力で果たせる「目標」はこうすれば見つかる

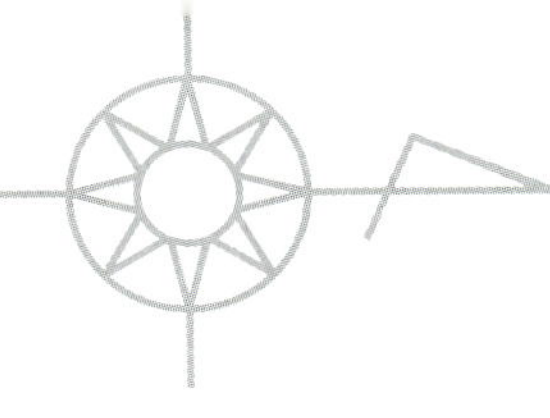

第2章

仕組みを作ってしまえばいい。結果が勝手に出続ける「プロセス」はこうすれば作れる

第3章

過去はしょせん過去。「今を手放す力」が結果を大きく変える

今の自分にさっさと見切りをつけよ

CONTENTS

後半に移る前に

「結果を出す人」と「出せない人」の違い

第4章

結果を最大化させる「自己成長」は一味違う

何でもいいから1番を取って、1番の喜びを知る

借金をいち早く返済する方法は、さらにお金を使うこと

相手がお化けだろうと敵だろうと、自分のプラスになるのなら力を借りろ

流行こそ、自己投資の格好の材料。楽しみながら、とことん使い倒せ

苦手な相手、嫌いな相手こそ使い道がある

第5章 モチベーションも結果も最高潮を保つ「継続力」の極意

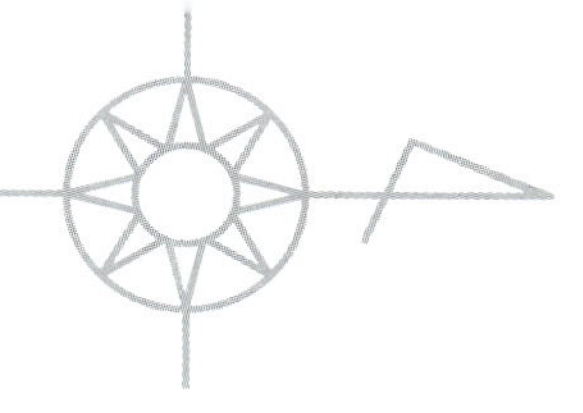

第6章 結果を倍増させるための！「チームの作り方&戦い方」

写真

iStock.com/DNY59（27・59・93・120・131・173・219 ページ）／ iStock.com/JenAphotographer（31 ページ）／ iStock.com/kasto80（42 ページ）／ iStock.com/Zolnierek（48 ページ）／ iStock.com/Urupong（68 ページ）／ iStock.com/T_Mizuguchi（79 ページ）／ iStock.com/Sitikka（89 ページ）／ iStock.com/galbiati（97 ページ）／ iStock.com/leongoedhart（108 ページ）／ iStock.com/tomertu（138 ページ）／ iStock.com/Nattakorn Maneerat（150 ページ）／ iStock.com/c1lyg（162 ページ）／ iStock.com/Image Source（179 ページ）／ iStock.com/lilkar（189 ページ）／ iStock.com/tomertu（198 ページ）／ iStock.com/IrinaBraga（206 ページ）／ iStock.com/Nicolas Micolani（222 ページ）／ iStock.com/Prostock-Studio（233 ページ）／ iStock.com/Rawpixel（242 ページ）

装丁デザイン　山之口正和＋中島弥生子（OKIKATA）

本文デザイン・DTP　荒木香樹（コウキデザイン）

装丁イラスト　サイトウユウスケ

編集協力　藤吉 豊、小川真理子（文道）

校　正　豊福実和子

第1章

価値が高い上
現実的に自力で
果たせる「目標」は
こうすれば見つかる

「得意なこと」より「やりたいこと」を優先する

▼今はできなくてもいい。「やりたい！」なら1秒で即決

「得意だけれど、そこまで好きじゃないこと」で結果を求めるか、それとも、「できるかわからないけれど、どうしてもやりたいこと」で結果を求めるか……。

私なら1秒も迷わず、「できるかわからないけれど、どうしてもやりたいこと」で勝負をかけます。

得意なことに焦点を当てた場合、小さな結果（＝一時的な成功）は出やすいかもしれません。

ですが、「できること」をやり続けていくうちに成長実感が希薄になって、やる気が長続きしない可能性があります。しかも自分の得意分野に留まっていると、成長の機会を逃してしまうことにもつながるのです。

一方で、「どうしてもやりたいこと」には、熱意がともないます。熱意は、**「継続的な努力を惜しまない姿勢」と「困難を乗り越える力」の両方を生み出します。**

多少の困難や失敗にもめげず、「熱意100％」でチャレンジし続ければ、人は必ず成長します。こうして他人から見たらかなり努力しているように見えても、**本人としてはそこまで努力しているつもりではなくなる**のです。

得意なことよりもやりたいことを選べば、困難や失敗は増えるでしょう。でも自分の考え方が変わり、**これまで見えなかったチャンスや新しいアプローチに気づく**ことができます。挑戦を続けることで得られる発見や学びが、結果を出す重要な要素になるのです。

「やりたいこと」の多くは、未知の挑戦。だから「できない」のは当然のこと。そこは気にしなくていいのです。

ですが、今は得意でなくても、

「なぜ得意じゃないのか」

くのです。

「どうしたらできるようになるか」は、やりたいことこそ、自発的に考えます。その結果、不得意は「得意」に変わっていくのです。

私自身も、そうでした。「手先が器用で細かい作業が得意」だったから歯科医師を目指したわけではありません。「世界トップクラスの歯科医師になりたい」という思いが先で、その一念で試行錯誤を続けた結果、精密・緻密な臨床手技が得意になったのです。

このように、**やりたいことが先に来ても、最終的にはまったく縁のなかったことが得意に変わる**なんて、誰でもできることなのです。

得意から始めたことは、もう少し得意になる程度で終わることがほとんど。あなたなら、どちらを選びますか？　本書をお読みの方は、答えは自明ですよね？

▼恋愛にたとえて考えれば、すぐに腑に落ちる

「恋愛」にたとえると、「やりたい！」（＝熱意）と行動の関係が理解しやすいと思います。

相手のことが「本気で好きなので、どうしても会いたい」という熱意があるのなら、自分の仕事が忙しくても、相手が遠くにいても、会いに行く努力（＝行動）を惜しまないでしょう。遠距離恋愛なんて、その典型です。

ですが、相手のことが「嫌いではないが、大好きというわけではない」「さほど関心がない」ときは、時間を割いてまで会いに行くことはないはず。

趣味で考えてもいいでしょう。ゲームを攻略するために睡眠時間を削ってのめり込んだことがある人も多いと思います。「おいしい」と評判の行列のできる店の前で、冬の寒い中で何時間も待ったという経験は一度や二度はあるのではないでしょうか。

受験だって一緒でしょう。得意な科目があるから受験するというケースもありますが、ほとんどの人が「その大学に入りたい！」という熱意があるから、得意じゃない科目が試験に入っていても嫌々でも勉強したはず。

同じことをしているのに、すぐに結果を出せる人と、まったく進歩せずに嫌気がさして途中でやめてしまう人がいます。

両者の違いを生み出しているのは、能力や体力の差は二の次。実態は「本気度」の差が大半を占めるのです。

この考え方は精神論や根性論でもなく、古い考え方でもありません。ご自身の体験を振り返れば、誰でも頻繁にあることなのです。

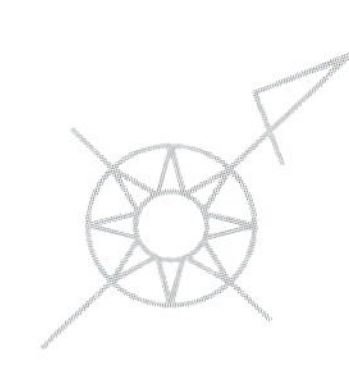

「やりたいこと」がないのなら、「稼げること」をやればいい

▼「稼ぎたい額」が決まれば、「やるべきこと」が決まる

「得意なことも、やりたいこともない」場合は、何を優先すればいいのでしょうか。

この悩みを、一撃で解消する答えがあります。それは、**「いくら稼ぎたいか」で自分の目標を決める**ことです。

日本人は「お金を稼ぐ＝汚いこと」と否定しがちですが、「お金」を前面に押し出すことは、決して卑(いや)しいことではありません。「稼ぎたいから頑張る」は、きわめて健全で正直な動機です。

もちろん、お金の所持量が多いほど幸せの量も多くなるわけではありませんが、それでも、ないよりもあったほうが断然いい。経済的に安定すれば「好きなことを選ぶ自由度が上がる」からです。

やりたいこと、得意なことは答えられなくても「いくら稼ぎたいか」なら、答えられるのではないでしょうか。

だとしたら、「稼ぎたい額」を思い浮かべて、それを実現するためのプロセスを考えてみましょう。たとえば、「年収1億円」を目指すのであれば、

「年収1億円を目指したい」

「会社員だと年収1億円は難しそうなので、将来的には起業したほうが良さそうだ」

「今すぐ起業するのはリスクが高いので、どこかの会社でビジネスの仕組みを学ぶのが得策だ」

「だとすれば、スタートアップ企業に就職するのはどうだろうか。スタートアップでは、多岐（たき）にわたる業務を一人でこなす必要があるため、幅広いビジネススキルを短期間で習得できるかもしれない」

やりたいことがないからといって、何もしないわけにはいかないのなら、「お金を稼ぐ」ことを目標にする。

金額という具体的な目標は、それに向かって頑張る原動力になります。そして、稼ぐ過程で試行錯誤を続けることで「やりたいこと」が見つかることもあるのです。

▼「結果を出し続ける」は「仕事」だけだと勘違いしていませんか？

先ほど申し上げた通り、私は「お金を稼ぐ」という目標を否定しません。

ですが、一方で**「お金だけでは、人生の充足感を味わい尽くすことはできない」**とも考えています。

お金を稼ぐために、「それ以外」を犠牲にすると、人生の充足感は損なわれてしまいます。こうなってしまっては、本末転倒と言わざるを得ません。お金はあくまで道具であり、ゴールではないのです。

お金があっても、健康に不安があれば、幸せを感じられないかもしれない。

お金があっても、家族や友人との絆(きずな)がなければ、幸せを感じられないかもしれない。

お金があっても、自由な時間がなければ、幸せを感じられないかもしれない。

お金があっても、他人に必要とされなければ、幸せを感じられないかもしれない。

お金があっても、自己成長や挑戦がなければ、幸せを感じられないかもしれない。


特に人間関係をおろそかにしてはいけません。世界を代表するハーバード大学の成人発達研究も、「良い人間関係が私たちの幸福と健康を高める」という結論に達しています。仕事での成功やお金を手に入れても、良い人間関係が築けなければ、真の幸福感は得られにくいのです。

これをさらに突き詰めていくと、**「オン」だけでなく「オフ」でも結果を出してこそ、真の幸せは訪れる**ということ。

「結果を出す」という考え方は、オン（仕事）だけでなく、オフ（プライベート）の場面でも非常に大切です。オフで結果を出すことは、自己成長や人生のバランスを保つために役に立ちます。

「趣味の世界で結果を出す」

「ダイエットなど、健康面で結果を出す」

「家族や友人との関係を深めて、人間関係の結果を出す」

いずれも、オフで結果を出す一例です。

オンで結果を出すことは、もちろん大事。結果を出すというと真っ先にイメージされるのは、仕事ではないでしょうか。でも、結果を出さなければならないことは「オフ」にも存在することを忘れてはいけません。

オンで結果が出ているのに「何だか満たされないな」「幸せになっているはずなのに、何か違うぞ」と、もしなったら……。**オフがどうなっているのか、一度立ち止まって考えるようにしてください。**

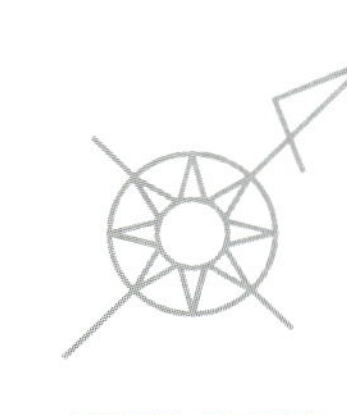

「誰かのため」ではなく、「自分のため」に頑張る

▼「自分が先で、周りは後」でいい

私は、「誰か（社会）のため」に生きていくことが、人生最大の喜びであると考えています。社会に貢献できたとき、人は大きな喜びを感じます。

貢献とは、自分の力を最大限に発揮して、「誰かの役に立つこと」「他者に価値を与えること」に他なりません。

しかし、です。自分の力が乏しければ、他者の力になることはそもそも不可能。**誰かの役に立ちたいのなら、その前に、「自分のために頑張って、自分の力を蓄える」ことが先決。**「自分のため」が、結果的に「誰かのため」を実現します。

多くの人は、「誰かの役に立とうとするなら、自分の欲や成功を優先してはいけない」

と自分を律しようとします。

ですが私は、「自分の欲や成功を犠牲にする必要はない」と考えています。「自分のために頑張ること」は、一見、自己中心的に映るかもしれませんが、それがのちに、他者に大きな利益をもたらすからです。

たとえば、自己成長を目指してスキルを磨いたり、知識を深めれば、「できること」の範囲が広がって、周囲により良いサポートを提供できるでしょう。

それと「自分のため」というのは不純に聞こえるかもしれませんが、誰だって本音では自分が幸せになりたくて生きています。**まずは自分が幸せになることを優先するのは極めて自然なことで、全然悪いことではありません。**もちろん、そのために誰かに犠牲になってもらうというのは、絶対に避けるべきですが。

もっと言えば、**自分がある程度幸せだったり余裕があったりしないと、誰かのためにという気持ちになかなかなりません。そうでなければ、本書のテーマである「結果を出し〝続ける〟」の〝続ける〟が果たせない**でしょう。

第1回WBC（ワールド・ベースボール・クラシック）優勝後、王貞治元監督は、イチロー選手（当時）からの

「現役時代、選手のときに、自分のためにプレーしていましたか、それともチームのためにプレーしていましたか」

という質問に、次のように答えています。

「オレは自分のためだよ。だって、自分のためにやるからこそ、それがチームのためになるんであって、チームのために、なんていうヤツは言い訳するからね。オレは監督としても、自分のためにやってる人が結果的にはチームのためになると思うね」（引用：『Number Web』／「2006年オフ、イチローが王監督にどうしても訊いておきたかったこと。」）

私も、「自分のため」と言い切る王貞治元監督と同意見です。

私が「いのうえ歯科医院」のスタッフに対して、

「誰かのため、みんなのためじゃなく、自分のために仕事をすればいい。自分のために頑

張って、自分のために成長する。ひいてはそれが『いのうえ歯科医院』のためになり、患者さんのためになる」

と繰り返し口にしているのは、「チームの、会社の、社会の、誰かの役に立つには、自分の力を最大限に発揮できる状態にする」ことが大前提だからです。

▼自分優先は、自己成長につながる

私には、今、

「歯科医師として、作家として、潜在意識の専門家として、自分の知識とスキルを駆使して、世の中に貢献したい」

「自分が受けてきた恩恵を社会に還元したい」

「自分と関わる人が豊かに、幸せに生きていくための手助けをしたい」

という貢献欲求があります。

ですが、歯科大学の学生時代や歯科医師になった当初は、「誰か」ではなく、「自分自身」に目が向いていました。

他人のことを考える暇があるなら、自己成長のために時間を使う。「世界トップレベルの歯科医師になりたい」という意欲に突き動かされ、四六時中「どうすれば自分の価値を高くできるか」だけを考えていたため、周りを気にする余裕はありませんでした。

「自分のこと」を最優先に考え、「歯科医師としての自分を磨く」ことに全力を出し続けた結果として、「社会に貢献できる力」が備わったのです。「社会に貢献できる人」になりたいのなら、役に立てるだけの力を蓄えること。最大限の力を発揮できるようになること。

自分に力がないと感じるときは、まず自分の成長に専念することが必要です。

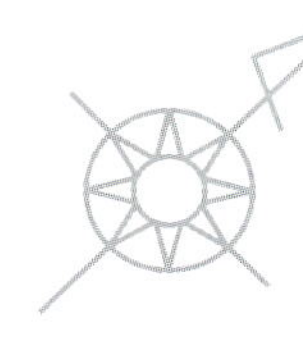

「前例がない」は、やめる理由どころか、むしろ〝やる〟理由になる

▼他人の意見なんて、案外アテにならないもの

自分の「やりたいこと」が、もし「前例のないこと」だったら？

「誰もしてない、というか、誰もできないかも。だったら、自分なんて絶対無理！」「これってしちゃいけないことなのかな？」「『やりたい！』なんて言ったら、こっぱずかしいのでは？」と、怖気(おじけ)づいてしまうかもしれません。

さらには第三者が「それは無理だよ」「そんな夢みたいなこと、実現するわけがない」と否定することもあるでしょう。それでも、**他者の意見を鵜呑(うの)みにはしないこと。**なぜなら、**他者の意見や評価には必ずその人の主観が入るため、正しい助言とは言い切れない**からです。他人の意見の中にはあまり考えられていない単なる感想も多く、案外アテにならないものなのです。

そこで、私は断言します。たやすくあきらめない姿勢が大切です。もっと言うと、**前例がないのなら、結果を出せばすごいことじゃないですか？　ぜひチャレンジしてほしい**とすら思います。

仮に結果が出せなくても、未知の領域に挑戦できたという自信が生まれ、**度胸までつきます。この先にまた前例がないことに出合っても、今まで以上に臆することなく挑戦できる**でしょう。

他人の意見に左右されると、自分の本当の望みを見失う危険性があります。また、**大多数に従えば、多くの人がたどる道と同じ結果に陥りやすくなります。**

「前例のある、なし」は絶対的な判断基準ではなく、一つの目安にすぎません。目標を実現するために大切なのは、「前例」ではなく、自分の内なる希望です。

私は、ニューヨーク大学ＣＤＥインプラントプログラムを日本人ではじめて卒業しています。「日本人ではじめて」なのは、前例がなかったからです。

当時、ニューヨーク大学には、日本人を受け入れるプログラムはありませんでした。たいていの歯科医師は、「プログラムがない」ことがわかった時点で、留学をあきらめると思います。ですが私は、あきらめませんでした。

大学関係者に会いに行き、直談判(じかだんぱん)をして、私の熱意と臨床実績を伝えました。後日、大学から、「こういう条件でなら、井上先生を受け入れることができます」と返事をいただき、プログラムへの参加を認めていただいたのです。

前例がないなら、自分自身が前例になれ

私が著者として、88冊(2025年1月時点)の著書を刊行できたのも、前例より熱意に従った結果です。

私がまだ新人著者だった頃、編集者から、「多作(たさく)の作家は疲弊(ひへい)しやすく、モチベーションの維持が難しい」「個々の作品に十分なマーケティングが行き届かず、売上が伸びにくい」「読者が作風に飽きてしまい、作品の価値を下げるリスクがある」と助言をいただいたことがあります。

ですが私は、現在に至るまで、「いただいた出版の依頼は、基本的に受ける」というスタンスを貫いています。「多作のリスク」があったとしても、同じテーマだったとしても、

時代や環境が変わったり、私には以前とは異なる新たな知見や経験が備わっているためブラッシュアップされています。編集者さんなどご一緒する周囲の方々が変わるだけでも、以前とは比べ物にならない結果になる可能性があります。

前例がないのは、過去にうまくいったことがないだけのこと。これからの行動を否定する理由には、一切なりません。

「やりたい」という熱意を持って、「何をしたら実現するのか」「次に何をすればいいのか」を考え、淡々と行動をしてきた結果として、私は歯科医師としても、著者としても、実績を積み上げることができたのです。

「前例がない」からといって、歩みを止めないこと。前例がないなら、自分自身が前例になればいい。「前例がないから無理」とスゴスゴ引き下がるようなら、「前例がない」状態がいつまでも続きます。

「前例がない」はあきらめる理由ではなく、新しい価値を生み出すチャンスです。

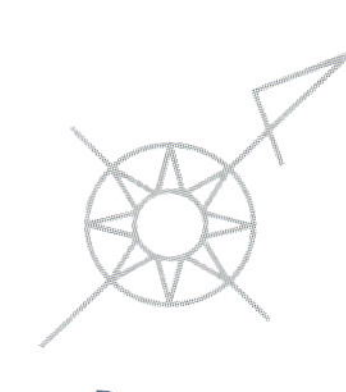

「ダブルライセンス」は、中途半端に終わる可能性が高い

▼資格の価値がなくなってしまう瞬間

士業（弁護士や司法書士など、名称に「士」がつく職業）の世界では、ダブルライセンスが広がりつつあります。ダブルライセンスとは、「医師と弁護士」のように、複数の資格を持つことです。

複数の資格を持っていれば、「キャリアの選択肢が増える」「業務の幅が広がる」「人と違う結果が出せる」といったメリットが期待できます。

私自身、歯科医師として医院経営に注力しつつ、著者として、潜在意識の専門家として、活動の幅を広げています。

士業に限らず、2つのこと（2つ以上のこと）を追求する場合、どちらかが中途半端にならないように（どちらも中途半端にならないように）、すべての結果にこだわる姿勢が大切です。

仮に、医師免許と弁護士資格を取得しているのなら、医師としても弁護士としても結果を出す、あるいは、「医療現場における法律問題を解決する弁護士になる」「患者の権利保護や医療事故の予防に強い医師になる」など、それぞれの資格を活用して専門性を高めるべきです。

ダブルライセンスを取得しても、現場での経験や実績がともなっていなければ、資格の価値は半減します。

「これもやりたいし、あれもやりたい」のなら、どんどんやればいい。ですが、「両立できなければ意味がない」と私は考えています。

▼資格取得は同時ではなく、順を追うのがコツ

先ほどのお話は、具体性を高くイメージすると、もっとわかりやすくなります。

「二兎を追う者は一兎をも得ず」は、「うさぎを二匹同時に捕らえようとしても、結局、一匹も捕らえられない」＝「違った2つのことを同時に行い、一度に多くの利益を得ようと欲張ると、結局、どちらも失敗する」という警句です。

一匹も捕らえられないのは、どうしてだと思いますか？

それは、「二匹同時に追いかけている」からです。**二匹を得たいなら、最初に一匹を確実に仕留め、その後で、もう一匹に狙いを定めるほうが確実**です。

ダブルライセンスやパラレルキャリア（本業を持ちながら、第2の活動をすること）を望み、AとBの2つを追求したいのなら、

「最初はAに注力する」

←

「Aで結果を出す」（Aで結果が出せるようになるまで、Bには手を出さない）

⬅

「Aで結果を出し続けながら、Bに取り組む」

「AとB、両方で結果を出す」

といったように、順番に攻略するのがセオリーです。

私も「歯科医師→潜在意識の専門家→著者」と一つずつ実績を積み上げてきました。私の本業は歯科医師ですが、現在は、潜在意識の専門家としての活動も、著者としての活動も全力で取り組んでいます。

肩書や資格は、それだけでは価値はありません。**複数の肩書を持つこと自体が成功の保証ではありません。**それぞれの分野で具体的な成果を出し、社会や他者に貢献することではじめて価値となります。

すべての役割、すべての肩書で結果を出す姿勢が、大きな結果に結びつくのです。

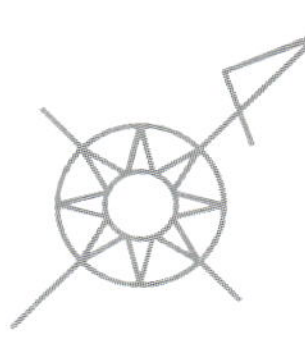

プロフィールに必ず盛り込むべきは「誰に、どう評価されたいか」

▼「プロフィールに書くことがない」のは「なりたい自分」がないから

先般、ある懇親会の場で、実業界で大きな功績を上げているシリアルアントレプレナー（連続起業家／生涯にわたって、新規事業を立ち上げる起業家）にごあいさつをさせていただきました。

僭越（せんえつ）ながら拙著（せっちょ）をお渡しすると快く受け取っていただき、そして私のプロフィールに目を留め、「立派なご経歴ですね」と好意を示してくださいました。

評価をいただけたことを光栄に思いつつ、一方で、「予想通り」の反応でもありました。

なぜなら私は、**相手に評価をいただけるよう、「他者に説得力のあるプロフィールを計画的に作ってきた」**からです。

私は、

「相手が同業者であれば、こういう内容が書いてあると評価が高いのではないか」

「相手が実業家であれば、こういう肩書を評価してくれるのではないか」

「こういうポストや役職を載せられたら、社会的に認められるのではないか」

と想定し、**「プロフィールに書く内容を増やすための行動」をしています。**もちろん、相手に評価されることだけを目的にしているのではなく、「自分はこうありたい」が大前提ですが。


私にとってプロフィールは、単なる自己紹介ではありません。プロフィールには、「自分の実績や経験を振り返ってまとめる」という自己回顧の側面だけでなく、**「これから自分はどうなりたいのか」という未来を描く「人生の設計図」でもある**のです。

「プロフィールに書く内容が増える」＝「理想の自分に近づいている」ことをあらわしています。


私の「歯科関連の肩書（歯科医師、講師、教授、経営者）」が「国立、私立」「日本、海

外」と網羅(もうらてき)的なのは、複数の肩書を広く持つことで、

「影響力を強化できる」

「キャリアを多角的に発展できる」

「誰と接するかに関わらず、一定の評価を得ることができる」

と判断し、そのために行動した結果によるものなのです。


【井上裕之の役職(歯科関連)】

▼島根大学医学部 臨床教授
▼東京医科歯科大学 非常勤講師
▼東京歯科大学 非常勤講師
▼北海道医療大学 非常勤講師
▼昭和大学歯学部 兼任講師
▼ブカレスト大学医学部 客員講師
▼インディアナ大学歯学部 客員講師
▼ニューヨーク大学歯学部 インプラントプログラムリーダー

▼ＩＣＯＩ（口腔インプラント学会）ディプロメイト（指導医）
▼日本歯科審美学会評議委員

「プロフィールに書くことがない」「プロフィールに書ける内容が増えていかない」としたら、その理由は、「こういう自分になりたいという理想を持っていない」からです。

まずはなりたい自分の姿を探してイメージし、そのために必要な経歴や肩書や実績は何かを考え、一つ一つ積み上げてほしいのです。

「なりたい自分なんて、すぐに思いつかないよ、見つからないよ」ということでしたら、1年後や5年後といったそこまで先じゃないスパンでもいいので、できるところから取り組んでみてください。

▼なりたい自分と、そのための行動を見つける方法

「自分がどんな人物になりたいか」「どんなプロフィールを築きたいか」を明確にする手段の一つが「自問自答」です。

自問自答を通じて、自分のキャリア像と、それに向けた行動計画を明確にしていきます。私も**継続的に〈「自問自答」→「理想の明確化」→「実現に向けた行動」→「プロフィールの追加」〉というサイクルを回し続けています。**

自問したときに、自答できないとしたら（答えが見つからないとしたら）、それは「自分のキャリアのウィークポイント（不足分）」の可能性があるため、不足を補う努力をします。

【過去に私が行った自問自答の例】

▼自問：「おまえ、歯科医院を開業しているといっても、ただの町医者だろう？　町医者との違いを出すためにどうすればいいと思っているの？」

⬅

▼自答：「確かに今のままなら、ただの町医者だ。では、どうする？　国際基準に則した歯科医療サービスを確保するために、ISO認証を取得したらどうだろう？『ISO 9001』（品質管理）『ISO 14001』（環境負荷低減）のダブル取得が実現したら、歯科医院としては極めて異例だと思う」

▼目標の明確化：「ＩＳＯ ９００１」「ＩＳＯ １４００１」を取得する。
⬅
▼実現に向けた行動：高度な医療サービスを提供するシステムを構築するため、ＩＳＯの認証に向けて院内の改善を進める。
⬅
▼「プロフィールの追加」：ＩＳＯ登録。『十勝毎日新聞』に「いのうえ歯科医院は、品質管理の国際規格『ＩＳＯ ９００１』と環境管理の同『ＩＳＯ １４００１』の認証を同時に取得した」（２０１１年11月16日）と記事が掲載され、価値を認められる。
⬅
▼「いのうえ歯科医院」と私のプロフィールに、「２０１１年に全国でも数少ないＩＳＯ９００１およびＩＳＯ １４００１の認証を同時に取得。２０１２年にはＩＳＯ審査機関のＪ－ＶＡＣの大会で、日本企業代表として海外審査期間代表など共に講演を行う」と追加する。

私が自問自答するときは、**安易な道を選んでしまわないよう、「自分で自分をいじめる**

質問（厳しい質問）」をするように心がけています。たとえば、

「臨床医として頑張るっていうけど、それって、アカデミックな研究から逃れるための言い訳なんじゃないの？」（↓よし、歯科学会でも研究結果を発表しよう）

「地域で1番？　それって、海外に目を向けてないだけなんじゃないの？」（↓よし、留学をして世界の先端医療の知識や技術を身に付けよう）

「歯科医師として一流でも、経営者としても一流じゃなかったらダメじゃない？」（↓よし、経営学博士号を取得しよう）

といったように、厳しい質問を自分に浴びせることで、自己成長の必要性を明確にしています。

優しい質問だと表面的な答えに終わりがちですが、**自分をいじめる質問をすると、自分の本心や隠れた価値観を引き出しやすくなります。**

第2章

仕組みを
作ってしまえばいい。
結果が勝手に出続ける
「プロセス」は
こうすれば作れる

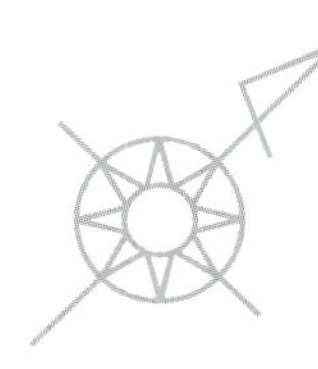

リスクをとことん回避できるプロセスの作り方

「失敗は成功のもと」は取り扱い要注意の言葉

私は「結果」にこだわっています。

結果にフォーカスして「0か100か」で考えています。結果が出れば100点ですが、結果が出なければ、どれほど頑張っても「0点」です。

結果を出すために私が重視しているのが、「プロセス」です。プロセスとは、「結果を手に入れるための工程」のことです。

そこですべきは、プロセス管理。結果を出すための工程の順番と役割を考え、最短距離で最高の結果を目指すことです。

「どういう結果を、いつまでにほしいのか」を明確にして、

「では、どうやってそれを実現するのか」
「結果を出すための工程はいくつあって、どのような順番で進めればいいか」
を考えてプロセスを管理します。

と申し上げると、「そんなの当たり前じゃないか」と言われそうですが、案外それができていない人が多いと思います。その証拠に、結果が出ていない。

私だって少しでも気がゆるんだら、プロセス管理がいい加減になってしまうので、今でも常に意識しています。

やりながら考えていくのも一つの方法ですが、どうせだったら最初からプロセスが質の高いものになっていれば、**無駄なルートは減ります。**

もっと言うと、「失敗は成功のもと」という格言を知らない人はいないと思いますが、解釈のしかたによってはかなり危険な言葉にもなります。**一度でも失敗が絶対に許されない世界もあり、**特に医療や公共交通の運転では命を預かっているため、そんなことは口が裂けても言えません。

私の本業である歯科医療も、まさに失敗してはならない領域。たとえば、インプラントの手術をする際、失敗や再手術があってはなりません。難易度の高い手術でも、100%の結果を求められます。

「いのうえ歯科医院」では、オールナイトでインプラント手術を行ったことがあります(2日間で17症例。1日に2、3症例が一般的だとされている)。

簡単な手術は一つもありませんでしたが、すべての手術で100%の結果を出せたのは、「手術を成功させる」ことを前提に、プロセスを管理したからです。

▼プロセス管理の5大原則とは

ではプロセス管理は、どのようにすればいいのか。私は次の5つを大事なポイントとしています。

①想定しうるすべての可能性(リスク)を洗い出す

どのような障害があるかわからないので、あらゆるリスクに備えておきます。

「この状況が起きたら、こういう処置をする」
「次にこうなったら、この対処法に切り替える」
と対策を用意しておけば、判断に迷うことはありません（リスク管理については後述します）。

②プロセスを緻密にする

仮に、「ゴールまでにやらなければいけない工程」が3つあったとします。この場合、一つも省くことなく、間を飛ばすことなくプロセスを設計することが大切です。

「一つくらい工程を飛ばしてもかまわない」と油断すると、早くゴールに到達できても、質が低下して望む結果は得られません。

③いつ、誰がやっても同じ結果が出るようにする

「チームとしての結果」を出すためには、誰がいつ作業しても同じ結果が得られるように、手順や方法を標準化（マニュアル化）することが重要です。

業務が属人化すると、他の人が同じ結果を出すことが難しくなります。属人化とは、特

定の人しか業務内容や業務フローがわからない状態のことです。

④プロセスを改善し続ける

結果を得るための工程が、「A、B、C」の3つあったとします。

「A→B→C」の順番でプロセス管理をした結果、「思ったほどの結果が得られなかった」のであれば、順番を入れ替える、工程数を増やすなどして、プロセスを改善します。

⑤プロセスが決まったら、一つ一つ着実に実行する

やるべきことがたくさんあったとしても、できることは一度に一つです。2つ3つ同時進行したり、「一つ飛ばし」で行ってはいけません。一つ一つ着実に実行していきます。

私は、「正しいプロセスに従って淡々とやり続けていけば、必ず結果にたどり着く」と考えています。

プロセスがあいまいだと、人は「このまま続けてもいいのか」「どうしてこれをやらなければならないのか」と不安を抱きます。

ですが、「プロセス通りに進めば、必ずゴールに結びつく」という確信があれば、迷うことなく行動できるのです。これが**質の向上、さらには時間や手間の短縮に結びつきます。**

▼リスクがリスクでなくなる方法

プロセス管理では、想定しうるすべてのリスクを洗い出します。リスクとは、「何らかの危険やミスが発生する可能性」のことです。

リスクはあくまでも「可能性」ですから、私は、

「可能性をつぶしておけば、その時点でリスクではなくなる」

「事前に対策が準備されているリスクは、リスクではない」

と考えています。

リスクを予測して適切な準備を整えておけば、実際に問題が起きたとしてもすぐに対処できるので、脅威として認識する必要がなくなります。

私がインプラント手術をするときも、リスクを想定した上で、リスクを回避できる治療

方針を考えているため、その時点でリスクはなくなります。リスクは対策を講じることでリスクではなくなるのです。

万が一、想定しなかった問題に直面しても、「〝想定していない〟問題に直面した場合は、こう対処する」と決めておけば、問題を最小限に食い止めることができます。

また、リスクを管理するときは、小さな工程（作業）に分けて管理しましょう。工程を小さく分解することで、

「各工程に潜むリスクが明確になる」
「リスクの見逃しがなくなる」
「適切な回避策、対策が立てられる」

ようになります。**大きなタスクを一度に管理するのではなく、タスクを分解し、個々のリスクを想定し対策を取ることで、「リスクをなくす」ことができる**のです。

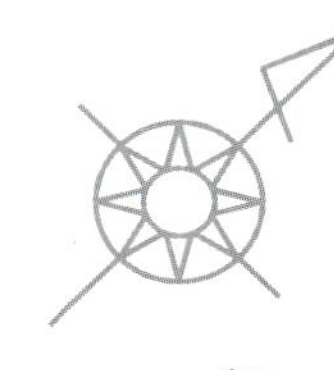

私が「行動する前に考える」にこだわるシンプルな理由

▼「やる」だけではダメ。やるなら「結果」を出せ

「やりたいことをやる」のと、「やりたいことで結果を出す」は、まったくの別物。やりっぱなしになっていたり、何も考えずやみくもに行動したりしても結果はついてきません。仮にやるだけで結果が出たとしても、その結果は大したものにならないことがほとんどでしょう。

やる以上は、希望通りかそれ以上の結果を出す。これまでも申し上げてきていますが、「どうすれば結果を出せるか」を徹底して調べて、「目標達成へのプロセス」を明確にすることが重要です。

たとえば、歯科医院のスタッフの「やりたいこと」が、「集客やブランディングに

Instagramを活用すること」だったとします。このとき、情報収集を怠って、「歯科医院の伝えたいことを一方的に発信する」だけでは結果は得られないでしょう。「投稿を続ける」ことと、「投稿で結果を出す」ことは違うからです。

情報収集をせずに投稿を続けると、以下のリスクが考えられます。

▼投稿が見込み客（今後利用を検討している将来の患者さん）に響かない
▼ブランディングに一貫性がなくなる
▼効率の悪い方法で取り組むことになり、無駄な努力や遠回りになることが多い
▼結果が出なかったとき、原因を特定できない（改善の余地がわからない）

▼すでに信頼を寄せて通ってくださっている患者さんには、余計な情報を提供することになり、信頼の損失につながることもある

Instagramを活用するのであれば、

「どの年齢層や地域をターゲットにするのか」

「他の歯科医院がどのようにInstagramを活用しているのか」

「医院のイメージに一貫性を持たせるには、どのような投稿をすればいいか」

「治療方法の紹介、患者さんの声、スタッフの紹介など、どのようなコンテンツを投稿すれば見込み客に価値を提供できるか」

「どのハッシュタグ（投稿内容を分類するための記号）がターゲット層にリーチしやすいか」

など、結果を出すための情報収集が不可欠です。

▼どうせ手間はかかるんだから、行動する前にかけよ

スマホなどですぐに調べられる環境が整っているのに、多くの人が調べる手間を怠っています。

何かを始めるときに情報収集をしない（調べない）のは、

▼自分の経験や直感を過信している
▼忙しさや時間の制約を理由に、情報収集に時間を割こうとしない
▼検索のしかたがわからない、リサーチの方法がわからない
▼日常的に情報収集を行わない人は、それが自然な行動として定着している

からです。

ですが、**自分の考えだけでは思わぬ障害に直面します。**はじめて挑戦することに対して知識や情報が不足していると、**失敗のリスクが高まり、労力を無駄にすることになります。**

また、

「誤った判断や無駄な作業が発生する可能性がある」

「潜在的なリスクを予測できない」

などの理由で、目標達成までのプロセスを正確に描くことができません。

手間はかかりますがよく調べてから取り組めば、最短ルートで良質な結果が出せたところを、調べないことで結局は無駄な手間暇がかかり、得られる結果もちっぽけなものに……。

手間はどこでかけるのが得策か。皆さんは、もうおわかりですよね？

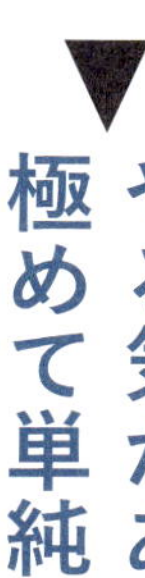

やる気があるのに結果が出ない原因は、極めて単純

「どうやったら結果が出るのか」「どうして結果が出ないのか」を自分の頭で考えることはとても重要です。

ですが、自分の頭で考えるためには材料が必要です。その材料となるのが情報ですが、**情報を持っていないと、直感や予測に頼るしかなくなります。**

第1章で述べたように、「やりたい」という熱意はとても大切。「これをやってみたい！」という熱意が湧き上がってきたら、「今すぐ始める」のがベストなタイミングです。「やりたい」と思った瞬間は、やる気がMAXになっています。その勢いのまま、行動を開始するのは賢い選択といえます。

ですが、行動を始めると同時に情報収集に努め、改善を繰り返すことが成功への要諦（ようてい）です。

情報収集をすると、現状の問題や改善点が見つかることがあります。それを踏まえて柔軟に軌道修正（プロセスの修正）を行うことで、結果が得られます。

基本中の基本だが、効果効能がバカにならない「逆算志向」

▼タスクをこなす順番は後で考えるのがコツ

プロセスは結果に直結しているため、プロセスが正しければ、正しい結果を出すことができます。

逆に考えれば、プロセスが間違っていれば、間違った結果を出すことになります。プロセスの質が結果の質に影響を与えるのです。

これも当たり前のことなのですが、夢中になっていたり、結果が出ず落ち込んだり自暴自棄になったりしている際に、案外抜け落ちてしまう点なのです。「努力が足りなかったからだ」「相性が悪かったんだ」と振り返ったりしても、プロセスが間違っているのであれば、今後に活かせるヒントは何も生まれません。

正しいプロセスを設定するには、必要なステップを「逆算思考」で考えます。逆算思考とは、ゴールと期限を定め、そこから実現するための手順を洗い出していく方法です。

逆算思考には、たとえば次のメリットが期待できます。

▼目的に向かって一貫した行動を取ることができる
▼優先事項が明確になる
▼必要なステップやリソースを具体的に洗い出すことができる
▼スタートからゴールまでの具体的な計画立案ができる

▼無駄な行動が減る

逆算志向自体は多くの書籍でも書かれていることですが、実際にメリットを書き出すと、割とたくさんあることに気づいたのではないでしょうか。もちろん、ここにはまだ書ききれないメリットが存在します。

【逆算思考の流れ】は、次の通りです。

▼**目標（ゴール）を明確にする**

なりたい自分、出したい結果を明らかにします。

⬅

▼**期限を設定する**

いつまでに結果を出したいのか、目標を達成する期日（締め切り）を設定します。

⬅

▼**プロセスを明確にする**

目標達成に必要なタスク（作業）を洗い出します。

この段階ではタスクの順序を気にせず、できるだけ多くの項目を挙げて、抜けをなくします。想定されるリスクや、状況を好転させる可能性のある要素もすべて書き出します。知識や情報がないとタスクを洗い出すことができないため、71ページでも述べたように、情報収集に力を入れます。確実にゴールに到達するには、「タスクの丁寧な洗い出し」が重要です。そのために、手を抜かずに情報収集に当たってください。

また、他者からフィードバックを受けることで、自分では気づかないタスクの抜けを防ぐことができます。

⬅

▼スケジュールを作成する

「どの作業をいつやるのか」、各タスクの実行スケジュールを設定します。

⬅

▼実行する

やることが決まったら、計画に従って、プロセス（手順）を一つずつ終わらせていきます。やるべきことがどんなにたくさんあったとしても、できることは一度に一つです。進捗状況を確認しながら、必要に応じて計画を修正します。

⬅

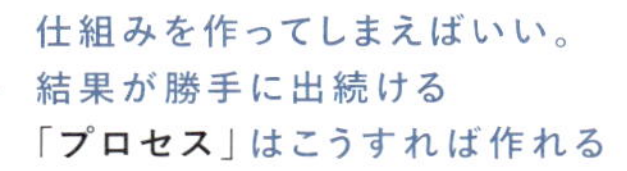

▼ゴールに到着する（最高の結果を得る）

【逆算思考の例】

①1年後にTOEICスコア800点を取得する。

⬅

②過去問を解いたり、模擬試験を受けたりして、現時点での自分の実力を知る。目標とする点数と現状の点数の差を明らかにする。現時点で実力が低すぎる場合は、目標点数を下げたり、期間を延ばすなどして、目標設定を見直す。

⬅

③単語量が足りない、英文を読むスピードが遅い、構文の理解が甘いなど、点数の差を生んでいる原因（弱点）を明らかにする。

⬅

④差を埋めるために「何が必要か」を考える。テキストを読む、学校に通う、過去問を解くといったタスク〈作業〉を割り出し、何を、どれだけ勉強すれば目標に届きそうかをはっきりさせる。自分でタスクを割り出せないときは、講師などにアドバイスをもらう。

⑤月、週、1日の学習計画を立て、タスクを割り振る。

⑥学習計画に従って、愚直にコツコツと勉強をする。

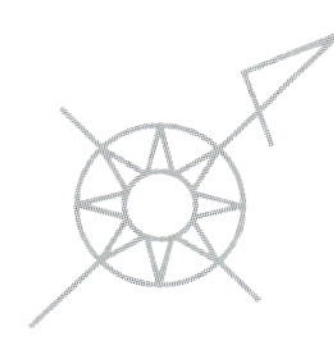

目標設定は「今の自分の2割増し」がちょうどいい

▼目標は高すぎても、低すぎてもダメ

逆算思考は「目標（ゴール）」を起点に計画を立てるため、目標の解像度が低いと（目標があいまいで具体性に欠けていると）、正しいプロセスを設定できません。

私もかつて、ＩＳＯの審査員から、「いのうえ歯科医院」の目標のあいまいさを指摘されたことがありました。

ＩＳＯ認証を取得する組織は、継続的な改善を図るための事業計画が求められます。「いのうえ歯科医院」がＩＳＯへの取り組みを始めた当初、ＩＳＯの審査員に、「計画通りに実施できないときは、計画を下方修正したり、中止したりしたほうがいいのでしょうか？」と質問をしたところ、審査員に、次のような指摘をいただきました。

「『途中でやめる』というのは、計画性のない行動をした人の発言です。計画と実績の差を見ながら軌道修正するのはいい。ですが、大幅な見直しに迫られるとしたら、それは目標の立て方が甘いからです。きちんと目標を立て、リスクもすべて考慮してプロセスを管理していたら、『途中でやめる』という考えには至らないはずです」

審査員の指摘を受けて、私は「確かにそうだ」と納得しました。「『途中でやめる』は、甘い計画を立てた人間の言い訳にすぎない」ことに、改めて気づかされたのです。

では、どのように目標を立てれば「甘さ」をなくすことができるのでしょうか。

目標は、高すぎると自分を疲弊させるし、低すぎると怠惰にさせます。

▼高すぎる目標……自分のスキルや状況に合っていないため、継続できない。

▼低すぎる目標（今の自分の実力相応の目標）……達成はラクかもしれないが、成長実感が得られないため、モチベーションが続かない。

私は基本的に「目標は高いほうがいい」と考えています。周囲から「バカなことを言っている」「そんなことできるわけがない」と嘲笑（ちょうしょう）されるくらい大きな目標でもいい。挑戦的な目標が自己成長をうながすからです。

ですが、いきなり高い目標を目指すと、途中で挫折しやすくなります。そのため、**「少し頑張れば達成できる目標」を積み上げていく方法が効果的**です。

適切な目標の目安は、自身の現在の能力（会社の場合、自社や自部署の実力）の「2割増し」です（2倍ではありません）。

「2割増し」は、「これまでと同じやり方、考え方では達成できない目標」であり、一方で「現状の問題点を改善し、継続的に努力すれば達成できる目標」です。「2割増し」の目標を着実にクリアしていくことで、大きな目標に近づくことができます。

プロセスの精度を限界まで引き上げる「PDCA」の使いこなし術

▼「いのうえ歯科医院」はなぜPDCAがうまく機能しているのか

私が院長を務める「いのうえ歯科医院」でも、「目標から逆算したプロセス管理」を徹底しています。

プロセスを正しく管理するには、継続的な改善が不可欠であるため、PDCAサイクルを成長と改善の枠組みとして位置づけています。

【PDCAサイクル】

▼Ｐｌａｎ（計画）：目標（手に入れたい結果）を決め、達成に向けた計画を立てる。
▼Ｄｏ（実行）：計画に基づいて実際に行動する。
▼Ｃｈｅｃｋ（評価）：実行した結果を検証する。計画と実績の差を分析する。うまくいった点や改善点を把握する。
▼Ａｃｔｉｏｎ（改善）：評価に基づいてプロセスを改善し、新たな計画に反映させる。

「いのうえ歯科医院」のプロセス管理（ＰＤＣＡサイクル）の大枠（おおわく）をご紹介します。

【「いのうえ歯科医院」のＰＤＣＡサイクル】

▼年間計画（年間目標／どんな結果を手に入れたいか）を作成します。
「いのうえ歯科医院」では、院長の私が数字目標（売上、キャンセル率、新患率、自費率、保険率、メンテナンス率など）を作るのではなく、各部門の管理責任者と副管理責任者が

今期の数字を参考に来期の「数字の目標」を考えます。

各部門が作成した計画を最終的に私がチェック・修正し、目標を確定させます。

▼行動計画を作成します。
年間計画から月間計画（月間目標）の落とし込みをします。月間目標を達成するために何をしなければいけないのか、タスクの洗い出しをします。

▼計画に従って実行します。

▼毎月、計画と実績の差を評価します。各部門が進捗状況を確認し、
「計画通り進んでいるか、いないか」

「進んでいない場合、何が原因か」

「原因を取り除くために、どんな改善が必要か」

を考え、レポートを作成します。月間の目標が達成されている場合でも「もっと良い方法はないのか」を検討します。

レポートは私がチェックして、フィードバックします。

目標や計画には変動性があるため、外部環境の変化に応じて、目標や計画も柔軟に見直しています。

スタッフ個人の課題に関しては、「問題改善シート」の提出を義務づけ、各自、振り返りをしています。振り返りをしないと、失敗の原因が不明確なまま進行し、同じミスを繰り返す可能性が高くなるからです。

また、スタッフの中からＩＳＯの内部監査員を選定し、規格に準拠した業務が行われているかを定期的に監査し、問題がある場合は改善の提案を行っています。

▼

⬅

次月から改善策を実施します。

ＰＤＣＡサイクルは、業務やプロジェクトのプロセスの精度を高めていくための方法です。結果が目標に近いかを確認することで、プロセスの適切さや改善点を明確にできます。

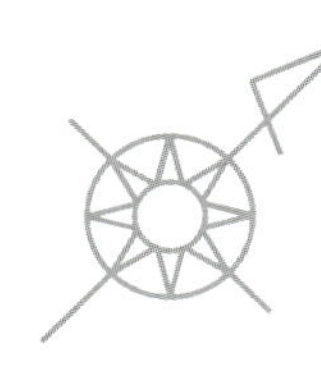

無駄を経験しなければ、無駄なプロセスを省くことはできない

▼無駄な努力を無駄にしない方法

結果を出す人は、結果を出せない人よりも、

「プロセスに無駄が少ない」

「物事を簡単に進める」

傾向にあります。難易度の高いことや複雑なことでも、シンプルに整理し、問題解決に直結するアプローチを取っているのです。

無駄が少ない理由は、主に「2つ」あります。

①目標が明確だから

物事に取り組む前に「目標とゴール」を明確にしておくと、「何が無駄か」を早い段階で見極めることができます。

目標達成に必要なことだけに集中できるため、無駄な作業に時間を費やすことが少なくなります。

②改善を繰り返しているから

新しいことに挑戦する場合、最初から無駄をなくすことはできません。何が無駄で、何が無駄ではないかの判断がつかないからです。

「どうすれば無駄をなくすことができるか」を時間をかけて検討するのは、かえって時間の無駄です。

目標設定をしたらすぐに行動に移す。そして、ＰＤＣＡサイクルを回しながら不要な作業を洗い出し、少しずつ無駄をなくしていくのです。

結果を出す人は、「無駄のない人」ではなく、正確には、「たくさんの経験を地道に積み上げた結果として、無駄に気づき、その無駄を改善してきた人」

です。

私も、人の何十倍も、何百倍も無駄を積み上げてきました。人よりも無駄な時間と無駄なお金と無駄なエネルギーを使ってきました。

無駄を省くためにも、たくさんの無駄を経験する。無駄を経験することで、何が重要で、何が無駄かを区別できるようになります。

最初から完璧を求めるのは難しくても、無駄に見える経験から多くを学ぶことができるでしょう。

「プロセスが見つからない……」を防ぐリミッターの外し方

▼台風で飛行機が欠航。それでも帯広から東京に行けた理由

私は、毎週金曜日に上京し、月曜日の朝までは東京で仕事をしています（月曜日の早朝

便で帯広に戻り、木曜日の夜まで、「いのうえ歯科医院」にて診察)。

2024年の台風の接近数は、8月以降、平年より多い傾向にあり、飛行機の遅延や欠航が相次ぎました。私もスケジュールの変更を余儀なくされましたが、それでも、「台風で飛行機が出発するかわからないから、今週は東京に行くのをやめよう」と考えることはありませんでした。

東京での仕事が「著者や講演家としての目標達成に不可欠」である以上、「東京に行かない」という選択肢はありません。天候など、自分ではコントロールできない事態に直面したとき、

「自分でコントロールできることにベストを尽くす」

「思考の幅を広げて、あらゆる対策を検討する」

のが私のスタンスです。

2024年8月に発生した台風7号の影響で、とかち帯広空港から羽田空港に向かう全便が欠航しました。そこで私は、帯広から東京に向かうための方法を可能な限り模索し、結果的に、

「新千歳空港↓伊丹空港↓大阪で仕事↓東京(新幹線で移動)↓東京で仕事↓とかち帯広

空港」
というルートを実現したのです。
とかち帯広空港の全便欠航が決まってから、私は次のようなプロセスで東京行きのプランを変更しました。

【私がどのように代案を考え、実現させたか】

▼東京着ではなく、大阪着でも広島着でも福岡着でもどこでもいいので、とりあえず「欠航しない便」を探す。出発地は、とかち帯広空港に限定しない。

←

飛行機での移動が難しいことも予想されるので、「帯広から在来線で函館まで行き、函館から新幹線に乗る」というルートも検討する。

←

▼とりあえず、「日本のどこか」に着けばいい。着いた空港を経由して、東京を目指す。

仮に「日本のどこか」にも着けないなら、韓国でも台湾でもいいので、「一度国外に出て、そこから日本に戻るプラン」も検討する。

←

▼とかち帯広空港発は全滅だが、新千歳空港からは何便か運行予定があることが判明する（いのうえ歯科医院から新千歳空港までは、電車で約3時間の距離）。

しかし現時点ではどの便も満席なので、運行予定の便のキャンセル待ちをする（目的地を問わず、13便にキャンセル待ちを入れる）。

⬅

▼「徳島空港行き」の便に空きが出たので、予約を入れておく。徳島空港からは、大阪を経由して東京を目指すことになるため、徳島空港から大阪までの経路も調べておく（バスを使うのが効率的だとわかる）。

⬅

▼「伊丹空港行き」の便が空いたので、予約を入

れる。「徳島空港行き」はキャンセルする。

▼伊丹空港に着いた後、その日のうちに東京に移動することをやめ、「大阪での仕事（知人とのミーティングなど）を作る」ことにする。

▼大阪での仕事を終えてから新幹線で東京に移動する。

▼条件は全部揃うと思わないほうがいい

「台風で飛行機が飛ばないため、東京を目指せない」という事態に見舞われたとき、多くの人は「しかたがないから、あきらめよう」と考えるでしょう。

私が、「日本のどこを経由してもいい。日本が無理なら国外経由でいい。どんなルートを使ってでも東京を目指す」と考えることができるのは、

「思考のリミッターを外しているから」

です。思考のリミッターとは、自分の中にある制約や限界のこと。リミッターがかかっ

ていると、新しいアイデアや解決策が生まれにくくなります。

思考のリミッターを外すには、条件に縛られないことです。

「飛行機が飛べば東京に行けるけれど、欠航なら行けない」「お金があればできるけれど、ないからできない」など、「条件が揃っていれば行動できるが、揃わないと行動に移せない」と考えていると、行動を躊躇させる原因になります。

すべての条件が整うことを待っていては機会を逃します。**条件が揃わなくてもあきらめず、あらゆる可能性を検討する柔軟性が必要です。**

第3章

過去はしょせん過去。「今を手放す力」が結果を大きく変える

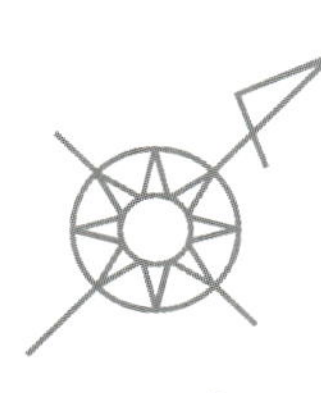

今の自分にさっさと見切りをつけよ

▼未来は過去の延長線上にはない

時間は、「過去→現在→未来」と連続して流れているため、多くの人が、

「過去の選択、出来事、結果が未来の自分を作る」

「過去の自分と今の自分と未来の自分は、同じ線上にある」

と考えています。

ですが私は違います。

「未来は過去の延長線上にはない」

「時間は、未来から現在に向かって流れている」

と解釈しています。

もちろん、「過去があるから、今がある」という考え方は、間違いではありません。「これまでの経験の積み重ねが、現在の自分を作っている」のは、まぎれもない事実です。

しかし、**過去の積み重ねが未来を決めるわけではありません。これからの選択や行動によって「自分が望む未来」を自由に作り出すことができます。**

現在の延長線上で進むと、結果も予測可能な範囲に収まりがちです。同じ道を進んでいては、大きな変化は期待できません。

過去にとらわれず未来を自由に描き、その未来から逆算して計画を立てることが大切です。

▼「中退」は決して恥ずべきことではない

エステサロンを経営するCさんは、専門学校を2年で中退した過去があります。Cさんは現在まで、「専門学校卒業直前で中退」の選択をしたことにコンプレックスを抱いていたそうです。

ですが私は、

「コンプレックスどころか、むしろCさんはカッコいい選択をした」「Cさんは専門学校中退を誇りに思うべき」

と評価しています。

なぜCさんの選択はカッコいいのでしょうか。理由は主に2つあります。

①安定を求めず、自分の未来を自分で決断したから

人間は、不安と恐怖から決断を先延ばしにする傾向があります。特に大きな選択や変化をともなう決断では、未来への不確実さが不安を引き起こすことに。

ですがCさんは、「エステサロンやネイルサロンを経営したい」という未来から逆算して進路を見直し、新たな道を選びました。

Cさんの現在の活躍を見れば、その選択が正しかったことは明らかです。Cさんにとって専門学校中退は、「強い意思決定の証」と捉えることさえできます。

②「サンクコスト効果」に縛られなかったから

サンクコスト効果とは、すでに使った費用や時間に対して「もったいない」という気持

ちが働き、さらなる無駄を生み出す心理のことです。

たとえば、行列ができている飲食店に並んだとき、並んですぐであれば「他の店に変えよう」と変更するのは簡単です。しかし、長時間並んだ後では、「投資した時間を無駄にしたくない」「ここまで並んだのに、もったいない」との思いから、「もう少し並んでみよう」という判断をしがちです。

人は、自分が今まで払ったコストを棒に振ることに抵抗を覚えます。「もったいないから」といつまでもやめられないのは、サンクコスト効果によるもの。

ですがサンクコスト効果が、私たちの未来を明るくするなんて保証はどこにもないのです。

Cさんは「お金や時間を無駄にしたくないから、しかたなく専門学校に残る」のではない選択をしました。経営者として成功している現在のCさんの姿は、サンクコスト効果に縛られず、新しい道を選択した結果です。

昨日までと同じやり方、同じ考え方で今日を過ごし、明日も過ごし、1週間後も過ごし、1カ月後も過ごし、1年後も過ごせば……、1年後の自分は、昨日の自分と「大差ない結果」「大差ない未来」しか得られません。今よりも大きな結果を得たいのなら、サンクコスト効果にとらわれず、自分のやり方や習慣を「捨てる勇気」が必要です。

「あのときは良かった」と過去を振り返らない。
「あのときよりも、素晴らしい未来が待っている」と信じる。

未来には、無限の可能性があるのです。

▼過去のデータベースは参考材料以上の存在にはなれない

「物事を効率的に進めたい」ときや「成功確率を高めたい」ときに、過去のデータベースが役に立ちます。過去のデータベースには、これまでに行われた業務やプロジェクトの結果、成功や失敗の要因、改善ポイントが蓄積されているため、それを活用できるからです。過去の成功事例を参考にすれば、効果的なプロセスを採用できます。失敗事例を確認すれば、同じミスを防ぐことができます。

ですが、**「人と違う結果」を出したいなら、過去のデータベースを「使うな」とまでは言いませんが、「絶対的な回答」だと盲信しないことが大切**です。過去のデータベースや成功例、失敗例はあくまでも参考材料にすぎません。**環境や状況は常に変化しているため、過去の成功をそのまま再現できるとは限らない**のです。

「いのうえ歯科医院」の患者さんの中に、世界を舞台に活躍するトップアスリートがいます。彼が狙っているのは、世界記録の更新です。

誰も更新したことがない記録に挑むには、「従来のやり方（これまで、多くの選手が取り入れてきたトレーニング）」では不可能ではないか……。

彼はそう考え、セオリーから外れた新しいトレーニングに着目した結果、好記録を連発するようになったのです。

過去を参考にする一方で、既存の枠にとらわれない新しいアプローチを見つけていく。自分の想像力と創造力で切り開く姿勢を持つことが、未来の成功につながります。

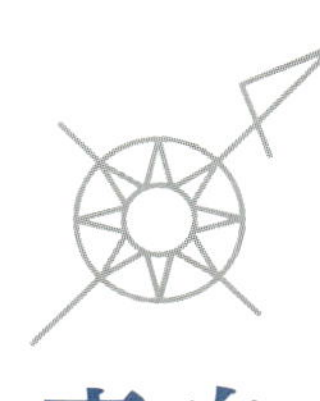

自分の判断はそんなに精度が高くないと思ったほうがいい

▼思い込みの多くは根拠がない

私たちは、何かを見たり、聞いたりしたときに、無意識に「こうである」と思い込むことがあります。

「男性より女性のほうがきめ細かい仕事に向いている」「パート社員は、正社員よりも簡単な仕事をしている」「高齢者は、ＩＴが苦手」「親や先生の言うことは正しい」など……。

こうした「無意識の思い込み」や「自分でも気づいていないものの見方」のことを「ア

ンコンシャスバイアス」と呼びます。

アンコンシャスバイアスは、その人の過去の経験、知識、接する情報、周囲の意見などから形成されます。そして、普段の何気ない発言や行動としてあらわれます。

【アンコンシャスバイアスが結果を出し続けるのにあたり、ブレーキになってしまう主な例】

「決めつけ」……自分の力を過小評価する

▼自分にはリーダーシップがないので、管理職には向いていない

▼自分はもう高齢なので（あるいは、自分はまだ若いので）この仕事をするのは無理である

▼自分には才能がないので、これ以上の結果は望めない

▼自分には今の生活が合っている

「抑圧」……我慢するのはしかたがないと考える

▼仕事と家庭の両立は難しいので、家庭を犠牲にするのもやむをえない

▼結果を出すためには、長時間労働が当たり前である

▼成功を収めるためには、つらいことにも耐え続けなければいけない

「線引き」……「あの人ならできるが、自分にはできない」と考える

▼あの仕事はAさんだからできたのであって、自分には無理である
▼お金を持っている人ならその選択も可能だが、自分にはお金がないので、選択肢は限られている
▼自分は新入社員なのだから、上司のようには上手にできない

「同調」……一般常識や周りの意見に合わせる

▼みんなが使っているのだから、あの商品は良いものだ
▼みんながそう言っているのだから、やめたほうがいい
▼多くの人が失敗しているのだから、自分だって失敗するに決まっている
▼常識的に考えて、そんな都合のいいアイデアが実現するはずはない

アンコンシャスバイアスは、「大きな結果」に向かって挑戦する意欲を削いでしまうこ

とが多々あります。

思い込みの多くは、根拠がありません。それなのに、アンコンシャスバイアスが働くと、自分の可能性を過小評価したり、未来に対して保守的な視野を持たせてしまうのです。

▼「自分の考えは偏っている」ことを前提に考える

アンコンシャスバイアスを防ぐ前提として最も大切なのは、「自分の考えは偏っているかもしれない」「自分の考えは、必ずしも正しくはないかもしれない」という視点を持ち続けることです。

【アンコンシャスバイアスを取り除くヒント】

「べき」という固定概念に注意する

「こういうときは、こうすべき」「こういう人は、こうあるべき」など「べき論」で考えると、無意識のうちに自分の行動を制限します。

反対意見にも耳を傾ける

自分の考えと違っていても、他人の意見を頭ごなしに否定しないことが大切です。さまざまな視点を持つことで、固定的な考え方から抜け出すことができます。

他人からフィードバックを受ける

他人が客観的に指摘してくれることで、自分では気づきにくい偏見が明らかになることがあります。

ステレオタイプの意見に気を付ける

ステレオタイプとは、多くの人に浸透している先入観のことです。「女性は家庭に入るもの」「長距離ドライバーは男性の仕事」「高齢者は運転が苦手である」など、特定の属性（性別、年齢、職業など）だけで評価を決めつけてはいけません。

「なぜ」「何」「本当に」と内観する

内観（ないかん）とは、「自分の意識をつぶさに観察すること」です。「なぜそう思ったのか」「何がそうさせているのか」と内観することは、アンコンシャスバイアスを外すために非常に有効です。

たとえば、「自分には人に誇れる実績も能力もないので、大きな結果を残すことはできない」という消極的な気持ちが頭をもたげたときに、

▼「なぜ自分は『できない』と思ったのか？」
▼「何が自分を消極的にしているのか？」
▼「本当に自分にはできないのか？」

と自分の思考の背後にある原因を見つめることで、無意識の思い込みに気づくことができます。

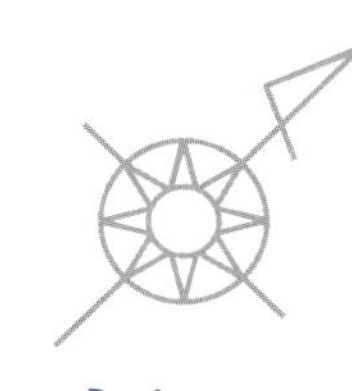

「極端に振って考える」と、新たな視点が発見しやすい

▼極端に振るとは、「最大を目指す」こと

「物事を極端に振って考える」ことは、アンコンシャスバイアスを外すための有効な方法です。

極端な視点やシチュエーションを想定することで思考が柔軟になり、固定観念から抜け出すきっかけになります。

「今の自分」が持っている知識や経験の中だけから目標を決めようとすると、発想が狭くなりがちです。慣れ親しんだいつもの視点と、いつもの思考プロセスを経てしまうからです。

アンコンシャスバイアスを外すために、私は、

「極端に振ったらどうなるか」
「あの人ならどう考えるか」（111ページで説明）
という2つの視点で内観することがあります。

まずは、「極端に振ったらどうなるか」から見ていきましょう。

極端なケースを考えることで、通常の思考の枠を超え、過去にとらわれない新たな視点を発見しやすくなります。

極端に振るとは、言い換えると、

「最大を目指す」

ことです。たとえば私の場合ですと、

「自分が歯科医師になっても、せいぜい、小さな町の開業医が精一杯だろう」と上限を低く見積もるのではなく、

「世界的に評価されるインプラントの名医になって、歯科の世界で名を残そう」と考える。

「講演会をするなら、地元の公民館でやるのではなく、東京ドームでやる」と考える。

「できるか、できないか」「分相応か、不相応か」「得意か、不得意か」は考慮せずに、

「最大を目指す」ことで、アンコンシャスバイアスを手放すことが可能です。

「極端に振って考える」ことには、アンコンシャスバイアスを外すこと以外にも、次のメリットがあります。

あいまいさがなくなる

極端に振って考えると、選択の基準や優先すべきポイントがクリアになります。

優先順位がはっきりする

目標設定や自分が目指すべき方向性が浮き彫りになります。

意思決定のスピードが速くなる

直感的に自分が望むことを選びやすくなります。このため決断が速くなり、迷いを減らすことができます。

自己成長のきっかけになる

小さな考えに縛られることなく、より大きな目標に向かう動機が見つかるため、自己成長や飛躍のきっかけとなります。

▼中途半端な人は、中途半端な結果しか出せない

「極端に振る」とは、言い換えると、「中途半端をやめて振り切った行動をする（考え方をする）」ことでもあります。

結果を出したいのであれば、「『やる』と決めたことは、手を抜かない」

「自分にとって価値のないことは、やらない」

「やるなら、やる。やらないなら、やらない」

　という姿勢が大切です。


「今、自分がすべきことは何か」「今の自分にとって最も価値のあること」を考える。そして「すべきこと」「価値のあること」が明確になったら、余計なことを考えず、全力を尽くして、トコトンやる。


中途半端な力しか出さないのであれば、中途半端な結果しか手に入らないのです。

自分の力を「100%すべて出す」こと〝だけ〟を考えて行動すれば、結果はおのずとついてきます。

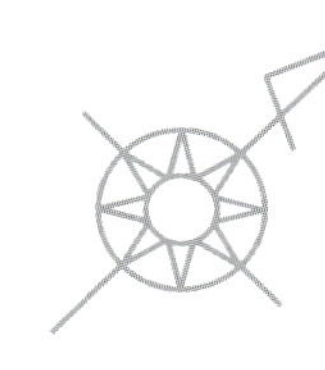

圧倒的な結果を出す人の考え方を徹底的にパクる

▼自分の殻を破るのなんて簡単

アンコンシャスバイアスを外すために私がしていることとして、「あの人ならどう考えるか」という視点でも内観していることを、先ほどお伝えしました。以下、そのあたりを詳しくご説明します。

「自分よりも大きな結果を出している人」「自分とは違った価値観や思考回路を持つ人」を参考にして、「あの人ならどう考えるか」を想像すると、自分の思考パターンや先入観から抜けることができます。

彼らがどのような視点で物事を考えているかを学び、「あの人だったらどう考えるか？」と自問することで、自分のコンフォートゾーン（今の自分で対応できる居心地のいい領域のこと）を超えることが可能です。

私にも指標にしている「あの人」たちがいます。

たとえば、ニューヨーク留学中に知り合った医師のAさんは、「一滴も水滴が落ちなくなるまで濡れたタオルを絞る。そして、水滴が出なくなってもまだ絞るのが人生である」という考えを持っています。

つまり、「自分の力やリソースを惜しみなく最大限に投じて、常に全力で物事に取り組む」ことを信条にしているのです。

Aさんが、体作りのトレーニングを始めたとき、「1ミリの誤差もないシンメトリーなプロポーション（左右対称で歪みのない姿勢）を作る」ことを目指して、タクシーに乗っているときも、エレベーターを待っているときもカラダに負荷をかけていたのが今も印象に残っています。

また、実業家のBさんは、以前、こんなことを話してくださいました。

「ここから見えるすべてのビルが私のものであってもいいのに、どれ一つ私のビルではありません。私がビルを所有できないのは、実力が不足しているからです」

Bさんは、実際にビルがほしかったわけではありません。ビルをたとえに、「ビル一つ持てないほど、まだ自分の実力は足りない。だから、もっと上の世界を目指さなければいけない」と自分を奮い立たせていたのです。「すべてのビルを所有できるくらい成長したい」というBさんのスケールの大きさは、私の指標の一つです。

Aさんも Bさんも現状に満足せず、先を見据え、上を目指して、高いレベルで目標設定をしています。「これくらいでいいや」と自分に妥協することがありません。

私は、「自分はこの先どうなりたいのか」「何を手に入れたいのか」を考えるとき、AさんやBさんのような「圧倒的な結果を出している人」を引き合いに出して自問自答しています。

「Aさんだったら、もっと緻密な計画を立てて、集中力を極限まで高めようとするのではないか？　Aさんだったら、このレベルの目標や行動計画では満足しないのではないか？」

「Bさんだったら目標をもっと高く設定し、自分を厳しく律するのではないか。東京には

1400万人以上の人がいる。けれど、すべての人が私の本を購入したわけではない。自分にはまだ全力で成し遂げようという覚悟が足りないのではないか?」

今まで以上の結果を出したいなら、「圧倒的な結果を出している人」を観察して、彼らの思考性や志向性を取り入れましょう。

「圧倒的な結果を出している人は、どのようにお金を使っているのか」
「圧倒的な結果を出している人は、どのように時間を使っているのか」
「圧倒的な結果を出している人は、どのような学習習慣を持っているのか」
「圧倒的な結果を出している人は、どのような人間関係を作っているのか」
「圧倒的な結果を出している人は、どのような言葉づかいをしているのか」

そして、**自分にとっての「普通」「当たり前」「標準」の基準を上げていきましょう。**

自分だけの視点で考えると、現状に満足してしまうことがあります。
しかし、「あの人だったらどうするか?」と他者の思考パターンをなぞることで、高い基準や成功への姿勢を意識できます。この視点の変換によって、アンコンシャスバイアスを外すことができます。

他者の思考や行動を参考にすることは、自分自身の上限を超える強力な手段なのです。

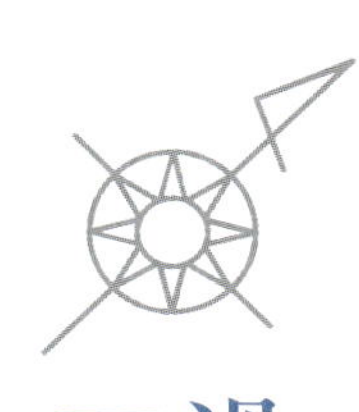

過去を捨てられなくても、「薄める」ことはできる

▼薄めるための材料は「新しい体験や考え」

前でも申し上げましたが、未来は過去の延長線上にはありません。

過去の自分に対して「こうしておけば良かった」と後悔しても、いったんリセットして、自由に未来を想像しましょう。過去へのこだわりを捨てることで、ポジティブな未来を見据えることができます。

とはいえ、人間には感情があるので、「あのとき、ああすれば良かった……」「どうしてあんな結果になってしまったのか」という、過去の後悔や執着を「完全に捨て去る」ことはできません。

では、どうやって過去をリセットすればいいのでしょうか。

過去を完全に捨て去ることができないのなら、「薄めればいい」のです。

「一般社団法人 心身統一合氣道会」の会長で合気道家の藤平信一（とうへいしんいち）先生に、以前、こんな質問をしたことがあります。

「過去の出来事が気になって心が晴れないとき、先生はどのように対処されているのですか？」

この質問に対する藤平先生の答えが「薄める」でした。

「コップの中にインクを一滴垂らしたとします。このインクを取り除くことができないのなら、コップの中に水を注いでいくんです。そうすれば、インクはどんどん薄くなって、ほとんど目立たなくなりますよね。つまり、どんどん新しいことにチャレンジすればいいんです。そうすれば、過去の苦い思いもそれだけ薄くなります」

藤平先生の答えを聞いて、私は「確かに、その通りだな」と得心しました。

過去の出来事や経験は、私たちの中に必ず残ります。ですが、新しい体験や考え方を取り入れることで、過去の影響を薄めていくことができます。

特別プレゼント

読者限定オンラインセミナー

結果を出し続ける人が行動する前に考えている11の原則

この度は、お買い上げくださりありがとうございます。
本書の内容をより深く理解して、実践につなげていただくために、
無料オンラインセミナーをご用意いたしました！

- 講師：井上裕之
- 参加対象：書籍購入者
- 参加費：無料

★本書の項目から11の原則を、特別に
オンラインセミナーに凝縮してプレゼント

▼お申し込みは、下記へアクセス！

https://asp.jcity.co.jp/FORM/?K=inoue_OMqGip4d

※この特典は予告なく内容を変更・終了する場合があります。
※本特典に関するお問い合わせは、井上裕之公式サイト（info@inouehiroyuki.com）までお願いします。

後半に移る前に

「結果を出す人」と「出せない人」の違い

「努力した」は偉くない。無駄だらけだし、ただの言い訳

第3章までご覧いただいて、いかがでしたか？　本書の前半はここまでかと思います。後半となる第4章以降に入る前に、ここでいったん私が本書でお伝えしたかった想いを綴った本章を設けさせていただきました。

これまで本書でご説明してきたことの整理の意味も込めて、ぜひ一読してください。

冒頭から厳しいことを言います。

私は、

「結果がすべて」

だと考えています。

「結果は出ないけれど、一生懸命頑張り続ける人」と、「頑張っているようには見えないのに、結果を出している人」がいた場合、私は後者、**「頑張っているようには見えないの**

に、結果を出している人」を評価します。

もちろん、頑張ることは大切です。努力も必要です。しかし、**一生懸命頑張っているのに結果が出ないとすれば、その頑張りは「無駄な努力」**です。

もっと厳しいことを言うかもしれませんが、無駄な努力をするのは、「なぜ、結果が出ないのか」「どうすれば結果が出るのか」を考えていない証拠です。

間違った方法で努力し続けても結果にはつながりません。「頑張ること」が価値を持つのは、それが正しい方向に向かっているときだけです。

皆さんが本書を手にしたのは、「結果を出したい」からです。だとすれば、**努力することと以上に、結果にこだわってください。**

皆さんは、「努力した」「頑張った」を、結果が出なかった言い訳にしていませんか？

「自分はよく頑張った」「努力したから十分だ」と自己満足に甘んじた時点で、成長は止まります。

一方、結果を出している人が、「頑張っているようには見えない」のは、**「短時間で大きな結果を出すために、質の高い行動をしている」**

「結果に焦点を当てた行動をしている」
「失敗や試行錯誤を経て、結果に結びつく方法を理解している」

からです。

残念なことに必ずしも「努力＝結果」ではないため、努力をしても結果が得られるとは限りません。それでも、「結果がすべて」と考えて努力をするからこそ、結果を出そうとする過程そのものが自己成長の機会となるのです。

最初から「大事なのは結果ではない。頑張ることに意義がある」と考えていると、質の高い行動にはつながらないでしょう。

では、「どうすれば結果につながる質の高い行動」ができるのでしょうか？

結果を出す人と、結果を出せない人には、大きく「３つ」の違いがあります。

【結果を出す人と、出せない人の違い】

▼違い①……「結果を出す人は、唯一無二。結果を出せない人は、他者と同じ」
▼違い②……「結果を出す人は、継続的。結果を出せない人は、短期的」

【違い①】結果を出す人は、唯一無二。結果を出せない人は、他者と同じ

私が東京歯科大学大学院修了後にニューヨーク大学、ペンシルベニア大学、イエテボリ大学など、欧米の一流歯科大で学んだのは、「世界レベルの歯科医療を地域（故郷・帯広）に届けたい」「地域医療の助力となりたい」と考えたからです。

ニューヨーク大学の人から「パトリック（留学時の私の呼び名）がグローバルな活躍を望むなら、世界の扉を開くための協力を惜しまない」と心強い後押しをいただいたことがあります。

ですが私にとって、「歯科医師として世界的な名声を得る」ことの優先順位は、さほど高くありませんでした。

ニューヨーク大学には、世界を舞台に活躍できる歯科医師がたくさんいました。ならば、「世界を目指すのは私でなくていい。彼らと同じフィールドに立って彼らと同じ結果を得るのではなく、自分にしか提供できない価値を生み出していこう」と考えたのです。

他者と同じことをしていては、他者と同じ価値しか提供できません。

「人と同じ結果を出すこと」を否定しているわけではありませんが、**独自の道を進む人は、周囲に新たな価値を提供することが可能です。**そして、**新たな価値を得るための挑戦は、自己成長や自己発見につながります。**

自分の強みを最大限に引き出すには、独自性を持つことが大切です。人と違う結果を手に入れたいのなら、

「他者と違う道を選択する」

「他者とは異なる視点とアプローチを持つ」

「『違い』を求めて挑戦する」

ことが条件です。

私が他の歯科医師と違うのは、歯科領域にとどまらず、「潜在意識を活用した成功哲学(自己啓発)」を学んだこと。そして、「歯の大切さ」と「潜在意識の使い方」を啓発するための手段として「本」を選び、著者になったことです。「歯科医師」「潜在意識の専門

家」「著者」の「三刀流」が私の独自性となります。

複数のフィールドに精通していれば、唯一無二の結果を残すことができます。

ビジネスシーンでも、「高付加価値人材」が求められています。高付加価値人材とは、「他者にはない独自の価値」を生み出せる人材のこと。独自の価値を生むには、

- **専門性の高い知識や技術を身に付けること（→希少性につながる）**
- **幅広い知識を持つこと（→独自の考えを生む土台になる）**
- **多様な視点を持つこと（→新しい解決策が生まれやすくなる）**

が欠かせません。他人と異なる結果を得るには、新たな視点やアイデアを持ち、それに基づいて行動することが重要です。

▼【違い②】結果を出す人は、継続的。結果を出せない人は、短期的

私は「誰でも必ず、望んだ結果を出すことができる」と考えています。ただしその結果は「すぐに手に入る」とは限りません。

たとえば、ダイエットを始めたその日に体重が激減することはありません。ダイエットには継続的な生活改善が必要で、**すぐに結果を求めるよりも、持続可能な方法を心がけることが成功の鍵**です。

仕事においても、同じことがいえます。大きな結果を得ようと思うなら、腰を落ち着けて、地道に取り組む以外にありません。

「スピード感が求められる時代に、タラタラしていられない」「手間暇(てまひま)をかけてはいられないので、手っ取り早く結果を出したい」という、タイムパフォーマンス(短時間で多くのものを得ようとする考え方／タイパ)優先の風潮も理解できます。

しかし、質の高い結果を得るには、時間をかけて継続する姿勢が大切です。**タイパに依存しすぎると、大きな結果を見逃すことになります。**

【行きすぎたタイパ思考の欠点】

▼スキルや知識の習得が間に合わず、付け焼き刃(やいば)にならざるをえない

▼少しやってみただけで、「自分には向いていない」「才能がない」とすぐに投げ出してしまう

▼試行錯誤をすることがなく、失敗から学んで改善するプロセスが不十分になる
▼効率を追求しすぎると、結果として中途半端な結果に終わるリスクがある

結果を出す人は、

「一朝一夕には、結果は得られない」

「三歩進んで二歩下がることは、日常茶飯事である」

ことを理解しています。


結果を出す人にとって、優先すべきはタイパではなく、

「人と違う結果を出すこと」

「圧倒的な結果を出すこと」

です。**「望んだ結果を得ること」が大事なのであって、歩みが遅いか早いかは重要ではありません。**


成功への道のりが長くても、歩みを止めなければ、人は必ず成長します。そして成長した分だけ、手に入る結果も大きくなるのです。

【違い③】結果を出す人は、マインド重視。結果を出せない人は、スキル重視

ノウハウやスキルは、結果を出すための手段にすぎません。**優れたスキルや知識を持っていても、それを活かす自信、意欲、ポジティブな姿勢がなければ、実際の結果にはつながりません。**

マインドとは、その人の考え方や、姿勢のこと。失敗を学びのチャンスと捉える思考法や、常に改善を目指す姿勢は、**結果を生み出す原動力**です。

【違い②】でご説明したように、「結果を出す人」は継続的です。失敗に直面しても挫(くじ)けず、試行錯誤を繰り返すことができるのは、

「人と違う結果を出す」

「目標を達成するために、どんな障害があっても行動し続ける」

という強い覚悟があるからです。

困難を乗り越えられるか否かを決めるのは、マインドが大きく決定づけます。どんなに

優れたスキルを持ち合わせていても、マインドが低ければおじけづいてしまうでしょう。

どれだけ本気で結果を求めるか、その熱意の差が決め手となるのです。

「人と違う結果」を出している人は、自分に上限を設けず、失敗を恐れず、自由に未来を想像しています。そして自分の可能性を信じ、思い描く未来に近づくために行動し続けています。


人と違う特別な才能や能力がなくても、人と違う結果を出すことができます。

そこで本書では、

「思うような結果を出すことができない」

「三日坊主になりやすく、中途半端で投げ出してしまう」

「同じ失敗を何度も繰り返し、成長の実感が持てない」

「周囲の人の協力を得ることができない」

「『今からチャレンジしても遅い』と感じてしまう」

「自分には、大きな結果を出す実力はないと感じている」

といった悩みを解消し、人と違う結果を出すための考え方をご紹介しています。

「必ず結果を出す方法」があるとすれば、あなたは知りたいと思いませんか？

本書では、その方法を公開しています。

というわけで本書の後半でも、その方法について余すところなくお伝えしたいと思います。

第4章

結果を最大化させる「自己成長」は一味違う

他人へ投資すると自分への投資にもなるのはなぜか？

▼どうせ給料がすぐ、そんなに上がらないんだったら……

職場（最近は在宅勤務も増えていますので、仕事中にいる自宅なども同じとして考えます）はお金を稼ぐだけではなく、上司や先輩、同僚など仲間、ときにはクライアントと一緒に成長する場でもあります。

ただし、何も考えずに働いていれば、お金を稼ぐだけの場に終わることも。それって、**もったいなくありませんか？　1日の大半を費やす仕事の時間が、お金を稼ぐだけで終わるなんて。**

今後さらに結果を出し続けるのはもちろんのこと、プライベートも充実させるためにも、常に「成長しよう」という意識を持って仕事に取り組んでみませんか？

給料をはじめ収入は確かに大事。最も大事でしょう。しかし、**同じ収入だったら（賞与**

ではなく月給ですと、毎月基本的には変わらない方も多いでしょう）、お金以外の利益も得られれば、もっとお得だと思いませんか？　こう考えるだけで、成長へのモチベーションは高まるはず。

「成長しよう」と意識を持って働くことで次のメリットがあります。ときどき思い出してみることで、意欲をぜひ高めてください。

①失敗からの立ち直りが早くなる

「成長しよう」という意識を持っていれば、失敗をしても、いつまでもクヨクヨせずに、「次からは失敗しないようにしよう」「この失敗から、何か学べないか？」「これを成長の糧にしよう！」と心の切り替えができます。

②自己肯定感が低くなりにくい

上司から耳の痛い話をされたとしても、「自分の成長のために話してくれている」と前向きに受け取れるため、自己肯定感（自分に対する前向きな評価）が低下しにくくなります。

③チャレンジ精神が高まる

「成長しよう」と思い続けることで、職場内で新しいことにチャレンジする意欲も高まります。

④自己改善の学びに前向きになる

成長意欲が高いと、自分を改善するための努力を惜しまなくなるため、結果を出しやすくなります。

▼仲間の成長を考えると、社会全体の成長になる理由

組織に属している場合は、自分の成長だけでなく、仲間の成長も視野に入れたいところです。「そんな余裕はないんだけど……」あるいは「職場に苦手な人がいるんだけど」と思わず、一度聞いてください。

仲間が成長すれば、組織が強くなり、組織としての結果が出やすくなります。これはもちろん、自分が結果を出し続けることにもつながります。

チームで結果を出すことは別の章で詳しくお伝えしますが、仲間の力を借りることで結果はより高まります。**仲間を助けておけば、後で自分が困ったときに、いっそう力になってくれます。**

そして何よりも、一人で出した結果も嬉しいですが、仲間と出した結果は仲間と喜びが分かち合える分、大きな喜びとなって返ってきます。一度でも経験すれば（ご経験された方は、思い出せば）、その充実感はとてもかけがえのないものだと実感できるでしょう。

さて、仲間と成長するときにまずしたいのは、自分の知識や経験、ノウハウをシェアすること。経験やノウハウのシェアは、仲間が同じ状況に直面したときに大いに役立ちます。

私は「いのうえ歯科医院」の朝礼で、自分の知識や経験、ノウハウを可能な限り全力で提供します。ときにはスタッフの耳の痛い話もあるでしょう。

しかし、遠慮なく話すことで、医院の業務改善につながるのはもちろん、何よりスタッフの成長につながると信じています。

さらにスタッフの中には、子育て中のワーキングマザーも少なくありません。親の影響は大きく、育った環境で子どもの人生が決まることもあります。

私が話した内容がその女性の成長や知識の向上に寄与すれば、子どもの成長にも一役買います。

その子どもが知的に育ち賢くなって、将来、社会に役立つ大人になれば、世の中を変えられます。私が**日々話す知識や経験やノウハウが、自然と社会貢献にもつながっているのです。**大きな成果といえます。

皆さんも、自分の知識や経験、ノウハウをどんどん仲間にシェアしてください。特に自分自身の成長につながった知識や経験、ノウハウは惜しみなく伝えましょう。それによって、自分も、組織も、社会も変わっていきます。

「自分にはそんなに誇れる知識も経験もないよ……」ということでしたら、できることから始めれば十分。中でも新人のうちは、ほとんどの方がそうなるでしょう。でもそれを繰り返すことで、仲間とともに自分の成長にも一役買うはずです。

どうせ勝負をするなら、「1番強い相手」に挑む

▼〝銀〟メダルをわざわざ狙う理由がそもそも理解不能

早く圧倒的な結果を出したいのであれば、1番強い相手と勝負することです。

2番目に強い人ではなく、1番強い人と勝負をする。

2位の人ではなく、1位の人と勝負をする。

〝銀〟メダルではなく、〝金〟メダルを取りにいく、ことです。

1番強い相手と勝負をするのは大変です。それはもちろん、私もわかっています。リスクも大きいし、勝つためにはそれ相応の努力も必要です。

しかし、戦いに勝てば、得られるメリットはケタ違い。メリットを改めて挙げると次の3つが主なところかと思います。

①圧倒的に早く結果が出せる

自分がすぐに勝てそうな人が3番目に強い人だった場合、勝負に勝ったとしても、2番目に強い人が控えています。2番目に強い人との勝負に勝ったときに、ようやく1番目の人と勝負をすることになる。

であれば、最初から1番目の人と勝負をしたほうが、スピーディーに大きな結果を出せます。

②自分の認知度を上げられる

2番目に強い人よりも、1番目に強い人のほうが注目を集めます。銀メダルを取った人よりも、どうしても、金メダルを取った人のほうにより人の関心が向きます。注目を集める1番強い相手に挑めば、それだけ自分の認知度を上げられます。

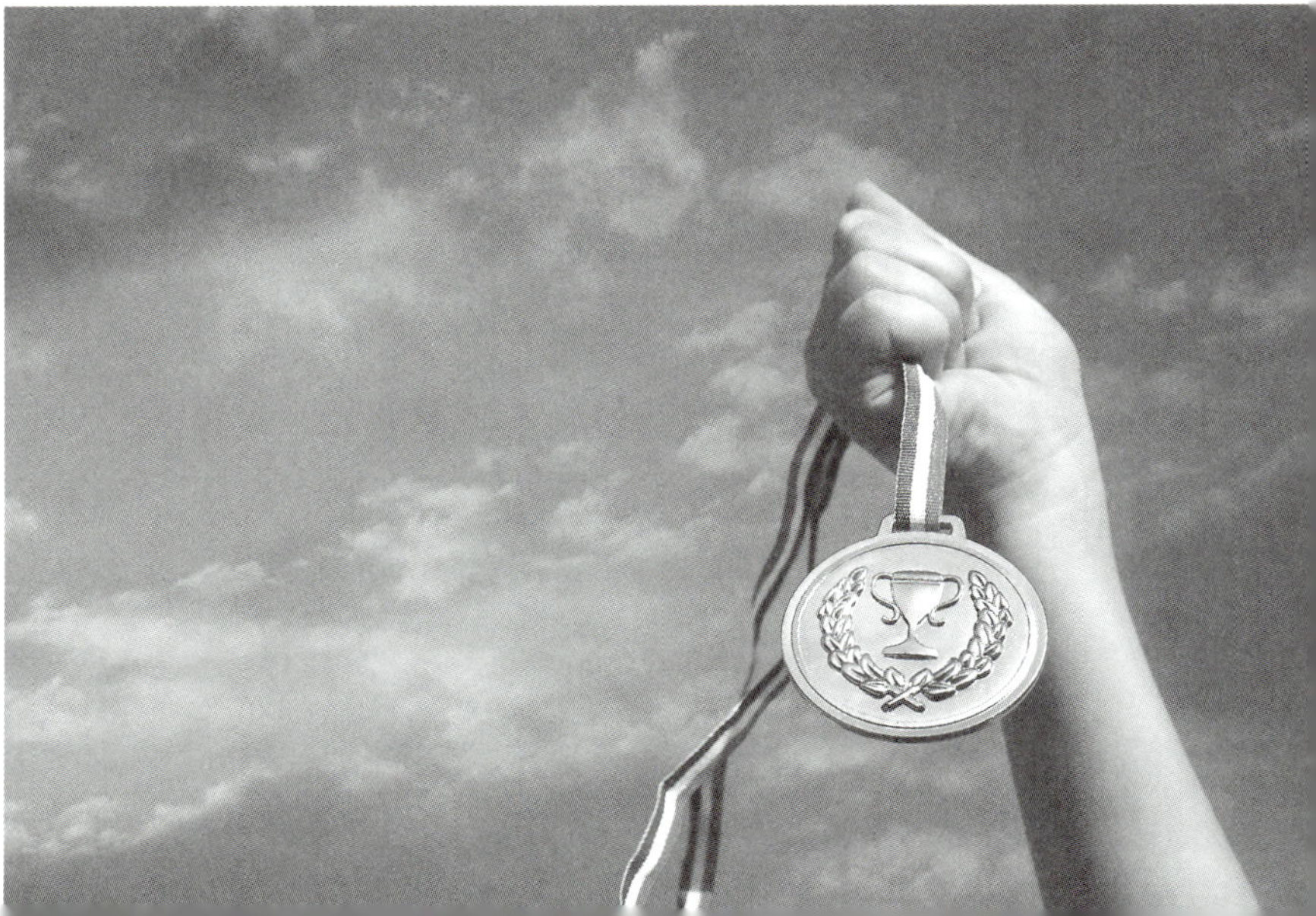

勝てばなおさらです。

③成長が加速する

すぐに勝てそうな人と勝負をするよりも、トップにいる人と勝負をするほうが、よりトレーニングが必要になるため、成長のスピードも加速します。

以上の①～③を再認識すると、**1位じゃなくて、2位や3位狙いを、なぜわざわざするのか、理由がわからない。そこまでいかなくても、もったいないことをしている。**

そう感じてもらえれば、成長スピードは以前より比べ物にならないはずです。

▼一流の人と競う舞台に立てば、一流の人の目に留まる

私自身が「1番強い相手と勝負して結果を出せた」わかりやすいエピソードがあります。本を出す前、つまり著者になる前の話です。正確に言えば、勝ち負けの世界ではありませんが、1番強い相手と並んでも一目置かれるようになるためにしたこととなります。

当時の私は、講演家でコーチもされているある方のコーチングを受けていました。その方から、「井上さん、誰か一緒に講演をしたい方はいますか?」と聞かれました。

当時は、私が経営コンサルタントや分析学の資格を取った2007年頃でしたが、**経営コンサルタントでは船井幸雄さんが1番有名でした。**

「もし、講演ができるなら船井幸雄さんとご一緒したい」と伝えました。すると、

「ちょうど、船井さんの講演を企画する予定です。中谷彰宏さんも登壇されますので、いかがですか」と返事をいただきました。

歯科医師としては業績を上げていたものの、講演家として名もない私が、突然、一流の講演家である船井さんや中谷さんとともに登壇することになったのです。

私は、後述する「一目置かれるための戦略」を立てて講演に臨みました。

結果として、私の講演は大成功。この会場に来ていたある辣腕(らつわん)編集者の目に留まりました。彼は「本を出しませんか?」と声をかけてくださり、私は、思いがけず、初出版の切符を手に入れたのです。著者としてデビューが決まった瞬間でした。

一流の方々が登壇する講演会でなければ、おそらくこの辣腕編集者の彼は、聴講してい

なかったでしょう。私が彼から見つけてもらうことも、なかったはず。**1番強い相手とご一緒したからこそ、大きなチャンスをつかめた**のです。

もし、結果を出すために相手を選ぶなら、迷わず1番強い相手に決めましょう。大きな結果を出すために欠かせない決断です。

実業家の斎藤一人さんは、「ボウリングのピンはヘッドピン（1番ピン）を倒せば、後ろは全部倒れる」と述べています。私も、ヘッドピンしか狙いません。

トップに並ぶには自分にしかできないことを武器にする

▼一目置いてもらえる要素は案外たくさんある

前項目の続き、1番の相手を目の前にしても、決してひるまないようにする戦略の話です。

私は、船井幸雄さんと中谷彰宏さんとの講演会の話をいただいてから、「この一流の講演家でもあるお二方に見劣りしないために、どうすればいいのか」考え抜きました。

彼らはどんなモチベーションで登壇するのか、どういう気持ちで講演するのか分析した上で、自分の講演内容を熟考しました。

さまざまな勉強をしていた時期でしたから、候補はいろいろあります。複数の方々からアドバイスもいただきました。私は真摯に耳を傾けました。

その中で、あるアドバイスにピンときます。

「井上さん、事故の話はどうですか？　みんな感動すると思う」

事故の話とは、家族とともに遭った交通事故からの再生の話です。

経営の話をしても、成功哲学の話をしても、お二方には敵わないかもしれない。

でも、事故からの生還の話は、私ならではの経験であり、船井さんにも中谷さんにも恐らく語れません。**お二方に並ぶには、これしかない。**

テーマは、事故からの生還に決めました。

講演に向け入念に準備を行います。

当時はまだ珍しかったオープニングの動画も作りました。依頼したのは、大成功を収めていた、成功哲学のセミナー講師が頼んでいる動画制作の会社です。

最低でも着るものだけでも一目置かれたいと思ったので、銀座のスーツの名店に行ってとびきり上等なスーツを仕立てました。

話す練習を何度も重ねました。プログラムには『最後だとわかっていたなら』（ノーマ・コーネット・マレック作）の詩の朗読を盛り込み、これも、何度も読み方の練習をしました。

コンテンツはもちろん、衣装も、見せ方も、話し方も、考えられるものは**とにかく全部完璧にする（「勝つ」くらいに思うのがちょうどいいです）**。隙間は一切作らない、という気持ちで講演に臨みました。

その結果、奇跡が起きます。私の講演が終わる頃に会場を見渡すと、参加者の多くが涙を流していたのです。神が宿ったと感じました。

私は会場の雰囲気を感じ取りながら、さらに力を込めて話を続けました。そして、出版社からのオファーへとつながったのです。

この経験が示すように、1番強い相手にも見劣りしないための戦略は、

①相手を徹底的に分析する
②できる準備はすべてやる
③人からのアドバイスには真摯に耳を傾ける
④「すべてにおいて勝つ」と決める（「勝つ」と宣言しなくても、心の中で自分だけ思う分には自由でしょう）
⑤自分にしかできないことを武器にする

の5つです。

この5つを意識して挑めば、神が宿る瞬間が訪れるはずです。その瞬間を見逃さないで、活かすようにしましょう。

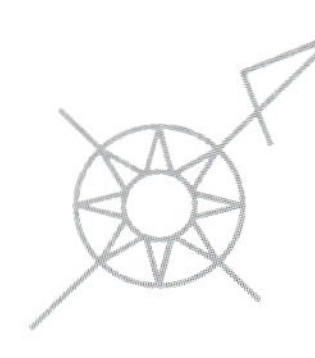

何でもいいから1番を取って、1番の喜びを知る

幼少時代の出来事でも、小さな世界でも、1番は立派な1番

子どもの頃、学校のテストで1番を取ったことがあります。そのとき私は、「1番を取ることの喜び」を知り、それをバネに勉強が多少辛くても乗り越えられるようになりました。

オリンピック選手も同じです。金メダルは一人しか取れません。取れなかった選手は悔しさで涙を流します。ほとんどの人が手に入れられない1位。それを目指す道のりは、険しいものです。

しかし、数々の大会で勝ち抜き、1位になったときの喜びを知っているからこそ、「一人しか取れない」ことがわかっていても、彼らは挑み続けるのではないでしょうか。1番を取ったときの達成感は、他の何にも代えがたいものがあるのです。

もし、**結果にこだわる気持ちを育てたいなら、どのジャンルでもいいから1番を取って**
その喜びを知ることです。部内の営業成績1番でもいい、地域の運動会1番でもいい。
とにかく1番になったときの喜びを知る。その積み重ねによって、結果にこだわる気持
ちが育まれていきます。

▼物事はすべて、ゼロか100で考える

私は、あらゆることにおいて1番にこだわっており、そのためには、いつも「ゼロか1
00」を基準に行動しています。**やるなら100%でやる。**中途半端な気持ちではやらな
い。中途半端な力の入れ方はしない。

一方で、中途半端にやるなら一切やらない。

たとえば、はじめて本を出したとき、当然ですが、私は出版の素人でした。知識はゼロ。
一方、担当の編集者は知識が豊富で、「井上さんの本をぜひ出したい！」と熱意もあり
ました。だから、この編集者のアドバイスを100%聞き入れました。

どんなリクエストが来ようとも、すべて即答で「ＹＥＳ」と返事をしました。例外は一切なしです。

「○月×日に出版セミナーをやりましょう」と要請されれば、どんなに忙しくても日程を調整して「ＹＥＳ」。

「こんな販促をしませんか？」と頼まれれば、多少出費がともなっても即座に「ＹＥＳ」。

「次はこんな本を出しませんか？」と打診されれば、もちろん即「ＹＥＳ」。

念のために誤解のないように補足しますと、「言いなりになれ」と言っているのではありません。

腑に落ちたことは、とことん同意し、全部に１００％を注ぎ込もうということです。

▼専念したいことがあるなら「誘われない断り方」をする

歯学部生時代から、私は「ゼロか１００」です。大学院では誰よりも早く４年で修了すると自分で決めて研究をしました。

研究に専念するために飲み会などはすべて断りました。「今日は予定があるから」「少ししか飲めないから」を理由にするのは中途半端な返答です。また誘われるし、また断れば「つき合いの悪い奴だ」と嫌われます。

私は、「アルコールのアレルギーだから、行けません」とはっきり言いました。**以来、誘われなくなりました。**

毎日、誰よりも早く研究室に行き、コンピューターを使って、ほしいデータを集積していました。研究が終わったら、すぐに帰宅。帰宅後も研究室で集積したデータを分析する日々です。

覚悟を決めて行動したからこそ、教授から**「井上は他の誰よりも圧倒的な熱意と時間を研究に注いでいる」という高い評価をいただいた**のだと思います。

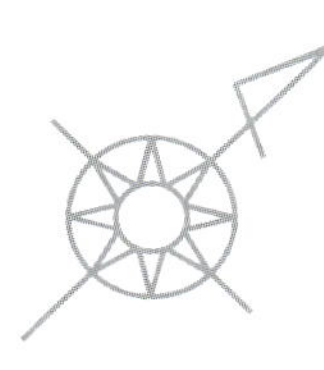

借金をいち早く返済する方法は、さらにお金を使うこと

▼借金があるからといって自分にブレーキをかけない

5億円の借金があったとします。

Aさんは、お金を返すためにせっせと働き、やりたいこと、ほしいものを我慢して、「返済し終えた！　もう一度学校にでも行って学ぼう」と考えました。

Bさんも、お金を返すためにせっせと働き、一方で、自分を成長させるためにお金をどんどん使いました。

さて、ここでクイズです。どちらが早く借金を返せるでしょうか？

答えはBさん。これは私自身の経験です。

借金があると、多くの人はAさんのように、「まずは借金を返さなくては」と節約に励みます。無駄なお金は使わないようにしようと考えます。

借金は人の行動にブレーキをかけてしまうため、自分の成長のための投資もおろそかになります。

節約に躍起になるのは、「借金のプレッシャーに負けている」「お金に負けている」からこそ。

真面目に働き、節約して、こつこつと返済すれば、いつかは借金を返せるでしょう。しかし、膨大な時間がかかってしまいます。40年、50年かかって完済したとして、そのときに果たして何歳になっているのか……。

そこから何かを成し遂げたいと学び始めても、**「ときすでに遅し」となる場合がほとんど**でしょう。一生懸命に学んでも、能力も知力も体力も追

いつかないからです。

やはり、できるだけ若いうちに、成長のための自己投資をしたほうがいい。できるだけ若いうちに、学びにお金を注ぐ必要があります。

「もう自分はそんなに若くないいんだけど……」とおっしゃる方もいるかもしれません。自己投資は早いに越したことはありませんが、でしたら、やるなら今です。冷静に考えれば当たり前のことですが、今が現実的に最も若いわけですから。

▼ 5億円の借金を抱えていた私が、1億円使った理由

私は30代のはじめに歯科医院を開業しました。開業資金や住まいの増改築、家族の負債などで銀行から5億円の融資を受けました。言い換えると、**借金が5億円あった**のです。

開業以降考え続けていたのは、「1日でも早く借金を返済するにはどうしたらいいか」。その結果、「自分が成長してより多く稼げるようになるしかない」という結論に至ります。

だから、成長のための投資は惜しみませんでした。

歯科医師として最新の歯科技術を学ぶのはもちろんのこと、成功哲学を徹底的に学びま

した。何百万円もするセミナーを受講し、高額な教材も購入しました。**自己投資額はトータルで1億円ほど**です。

自己投資をして自分を磨くと、知識も技術も高まり、他の人と違うレベルの高い仕事ができるようになります。人よりどんどん輝いていきます。

仕事ができて、輝いている人の周りには人が集まり、周囲の人たちからはもっとお金を払おうと思ってもらえるようになります。

すると**収入がどんどん増えるため、その分、借金も早く返せます。**

仕事ができるようになると、何よりも人生が楽しくなります。

借金を返したいからと、自分の好きなことをあきらめたり、出かけるのをやめたり、何も買わなくなったりするのは避けるべきです。**節約に心を奪われると、現状に留まるだけ**の人生になりますから。

水が溜まると淀む（よど）ように、人も留まり続けるとくすんでしまいます。水は流せばきれいになるように、人も留まらずに行動することが輝く秘訣です。

さらに私は自己成長のため、海外でのセミナーにも参加したため、クリニックを空けることもありました。周囲からは、「院長が不在だと患者さんが来なくなるよ」と心配する声も聞こえてきました。

しかし、「借金を早く返すには自分を早く成長させるしかない」と結論づけたので、自分で決めた道を選びました。借金がのしかかっているのは自分の肩です。返す方法は自分で決めるしかありません。

人に言われた通りにして人生がダメになるより、自分の意志で決めたことでダメになったほうが納得できると考えたこともあり、このような行動をとり続けました。今振り返っても、この行動は間違っていなかったと考えています。

借金も自分の血と肉にせよ

「成功するために、こんなにたくさん学ぶことがあるんだ」「これを学ぶと成功できるんだ」と思うと楽しくてしかたありませんでした。

同時に、爪の先から頭の髪の毛1本まで、すべてに成功哲学をしみ込ませようと必死でした。寝ても覚めても四六時中、勉強勉強の日々です。

時間さえあれば、成功哲学の本を読み、何百万円もするセミナーにも通いました。就寝中もオーディオブックを聴いていました。休みの日は、朝から晩まで勉強しました。

家族で旅行をしている最中も、おかまいなしに勉強を続けます。家族が観光に行っている間、私はホテルの部屋でセミナーのＤＶＤを観ていました。

成功哲学のセミナーで配布された資料は、自分なりにカスタマイズし、オリジナルに作り直して活用しました。

たとえば、顧客へのアプローチ方法に関する資料を整理するときは、「顧客」という言葉を「患者さん」に、「会社」という言葉を「歯科医院」に置き換えるなど、自分の言葉にして考え、データ化し、自分の歯科医院経営に合致した資料に作りかえていました。そして、院内のスタッフとシェアして活用したのです。

この作業によって、より深く理解できて、成功哲学を机上のものではなく、自分にしみ込ませることができました。

人から「気の遠くなる作業ですね……」と言われたこともありますが、自分としては楽しくて、やりたくてしょうがない作業だったのです。

私は惜しみなく自己成長に投資しながら、5億円の借金を20年ほどで完済しました。50代に入ってからは無借金で歯科医院の経営を続けています。

借金があればあるほど、自分を磨く必要があります。自分を磨けば磨くほど、早く借金を返せるからです。

もし、借金に負けそうになったら、自分にこう言い聞かせてみましょう。

「おまえ（借金）になんか負けないよ。自己投資して倍にして仕返ししてやるから」

試練は「神様が私たちの信念を確かめる機会である」と私は考えています。

たとえば、「借金でそこから動けないだろう」と神様から言われているとしましょう。

実際、8割の人はそのまま止まって動けません。

しかし、ここでこう考えてください。

「自分は動くよ。止めようとしたって無理。無駄な抵抗はやめなさい」

こうして、「動き続ける2割の人」になれば、あっという間に借金は返済できるでしょう。

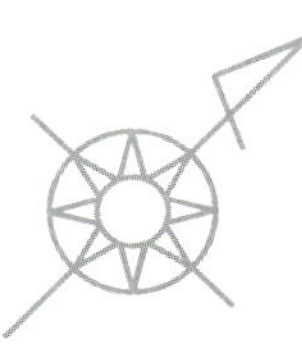

相手がお化けだろうと敵だろうと、自分のプラスになるのなら力を借りろ

▼頭を下げればほしいものが得られるなら、どんどん下げる

私には「怖い」と思う相手はいません。

相手がお化けでも、敵でも、嫌いな人でも、どのような相手であれ、自分にとって必要な人であれば、その人の力を借りるべきです。

私はいくつものセミナーを掛け持ち受講していたので、「Aの勉強会に行っておきながら、Bの勉強会にも行くと嫌われるよ」と助言されたことがありました。

でも、私は両方から学びたいと思えば、両方に行きます。人の意見ではなく、自分の意見で考える。どちらも自分の成長に必要なのであれば、両方受講したほうがいいに決まっています。

「人に頭を下げるのは苦手」という人がいます。社会的地位が高くなるほど、その傾向があります。プライドが邪魔をして、「頭を下げたら自分の負け」と考えてしまうのでしょう。

しかし、**人に教えてほしいことがあるのなら、頭を下げるのは当たり前のことです。私は人に頭を下げることに抵抗感を覚えません。**

ほしいスキルや学びや情報が得られた人と、得られなかった人とでは、最終的にどちらが結果を得られると思いますか？　どちらが成長できると思いますか？　ほしいスキルや学びや情報が得られた人です。

ほしいものが得られるなら、頭を下げるのなんてタダでできます。何でもないことです。

▼周囲から疎まれていても自分にとって悪い人とは限らない

前項で、自分が苦手だけど必要な人と、どう接するかをお伝えしました。ここでは、自分というより他人が疎(うと)んでいる人と、どう向き合うかについて解説します。

答えを先に言ってしまうと、自分が苦手でも、他人が疎んでいても、その人が自分にとって必要なら、どんどんアプローチするのが得策です。**周囲から「あの人は気を付けたほうがいい」と言われようが、力を借りに行きましょう。**

私も何度も経験してきたのですが、**周囲から疎まれている人であっても、接してみると、素晴らしい一面を持っていることがあるから**です。

Aさんが B さんに対して嫌悪感を持つのは、Aさん自身の過去の痛みを B さんが思い出させるからかもしれません。でもそんなの、自分には一切関係ないこと。

ですから**周りの人がいくら毛嫌いしている人でも、自分は嫌悪感を一切抱かないのは、よくあること**です。

繰り返しになりますが、最終的に、スキルや学びや情報を得られない人と得られた人と比べた場合、得られたほうが当然勝ちです。ですから、私はどん欲に、違う派閥からも違うグループからも積極的に学ぼうと心がけていました。

横断的に学ぶ人は少ないため、両方の知識を得ることができれば、大きなアドバンテージになります。

▼「派閥」よりも、「人として」のほうがよっぽど問われる

掛け持ちしたからといって、私は嫌われたことがありません。嫌われるのは、「嫌われる〝生き方〟」をしているからです。

生き方には、「好かれる生き方」があります。

次のような好かれる方法を身に付けて、好かれる生き方をすればいいのです。好かれる方法とは、相手に対して人としてきちんと向き合って接することです。

かなり基本的なことですが、これが守れていない人が圧倒的に多いので、実行に移すだけで自分の好感度は周囲に比べてかなり上がります。

人としてきちんと対応するポイントは次の４つです。

①礼儀正しくする

時間を守る、きちんとした身なりで会いに行く、しっかりあいさつをするといった基本を大事にして接することです。

②深い質問をする

広く浅い質問は、薄っぺらになりがち。相手もどう答えていいのか戸惑います。
たとえば相手がセミナーの講師でしたら、「この人、ちゃんと講座を聞いてたのか？」と疑われて印象は悪くなります。
ではなく、自分が聞きたいところを突っ込んで、より具体的な質問を準備して投げかけましょう。

×「▲▲についてもう一度教えてください」

○「▲▲の話の中で、AとBの違いがわからなかったので教えてください」

③教わったことを確実に実践する

先生から、「これをやりなさい」「この本を読んでおくといい」など、教えてもらったことは、確実に実践します。

すると、先生との間に信頼感が生まれ、「君にはもっと教えたいな。助けてあげたいな」と思われます。

④お礼をカタチにする

教えていただいたことに対する感謝の気持ちをカタチであらわします。手紙をしたためたり、ちょっとした贈り物（お菓子など）をするだけで十分です。

そんなにかしこまったり、高価なものを用意する必要はありません。そんなことをしたら、相手が戸惑ってしまって、かえって逆効果でしょう。

つまり、「好かれる生き方」とは、教えていただく人に対して、礼儀・礼節をわきまえて、スマートに気配りをする、ということです。

逆に、

▼**「○○先生からはこう教わった」と他の先生の話をする**

▼**お世辞を言う**

といった行動はNGです。相手が気分を害する行為であり、嫌われる生き方の象徴ですから。お世辞だって、しっかりした相手ほど、そのあたりは簡単に見抜いてしまい、あきれ返ります。

こうした点に気を付けていると、相手の協力を得やすくなります。

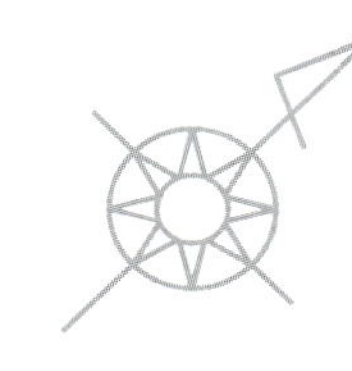

流行こそ、自己投資の格好の材料。楽しみながら、とことん使い倒せ

▼「流行を追うのはダサい」と思うほうがダサい

「流行は関係ない」と無関心でいると、大きなチャンスを逃していることになります。流行こそ、とことん乗っかりましょう。というより、使い倒せ、とまで言いたいです。

人から注目を集めなければ、ビジネスでは成果を出すのが難しくなります。認知度を高めなければ、集客できないからです。流行に乗っかれば、注目を集めやすくなります。

そして、商品やエンターテインメントがある時期に流行るのは、今現在、それだけ注目が集まっている証拠です。**注目が集まるのには理由があります。**

もし、その理由を見つけることができたのなら……。理由を踏まえて流行を自分に合うようにアレンジすれば、周囲との差別化ができて、単に流行に乗っかる以上の注目が集まります。

ここからは少し概念的な話になりますが、昔から多くの名著で書かれていたりすることです。つまりは怪しくはなく、過去にすでに証明されていることになります。

エネルギーの法則に則れば、流行のエネルギーを浴びることで、自分もその時代のエネルギーを持つことができます。

多くの人が共感する「共感ポイント」を吸収することで、他者にも共感を呼び起こすことができるのです。

ただボーッと見るのではなく、映像の見せ方に多くの人が感動するのであれば、どういう見せ方が感動を与えているのか、マーケティング的な視点から見ます。映画の中の言葉のやりとりから、考え方の流行が見えるかもしれません。感度を高めて、自分がどれだけ時代に合わせていけるかが大切です。

もちろん、流行は何でも活用すればいいってものではありません。無理に合わせようとして自分の持ち味を殺してしまうようなら、本末転倒。取り入れることで注目を浴びて、自分の長所がいっそう高まるのなら、使い倒しましょう。

つまり、**流行はしっかり追う。使えそうなものは使う。そうではないものは無理に合わせない。**それが大事なのです。

流行に無関心だったり、「そんなものに乗っかるのはダサい」と思ったり、「自分は自分」とかたくなになるのは、とてももったいないことをしています。流行には、まず一度は目を向けましょう。

映画も自己成長の題材にすると、楽しさは倍増する

映画は時代を映す鏡です。だから、私はヒットした作品を中心に観るようにしています。

とはいっても、**映画を「〝単に眺めて〟楽しむ」わけではありません。**もちろん「楽しんでる場合じゃない」と言いたいのではなく、楽しむのは大いに結構です。

ただ私がお勧めしたいのは、**どうせ同じ時間を使うのであれば、映画から「何かを学んで、自分の成長に活かす」こと。すると、楽しさは倍増します。**

たとえば、私は1、2年前、大ヒットしたトム・クルーズ主演の映画『トップガン マーヴェリック』を観に行きました。トム・クルーズは同年代ですから、非常に気になる存在です。鍛え抜かれた体、しぐさや身のこなし、ファッションの着こなしなど、一つ一つを自分の中に吸収しました。

韓国ドラマでは、人間の心理がよく描かれています。男女を問わず、相手の心理を理解するのに役立ちます。

映画に限らず、目の前のあらゆるものから、何かを得て、それをすべて自分の価値に変えたり、学びに変えたりすることが大切です。

何かの目的を持って行動することも大切ですが、すべての現象を価値に変えることができれば、より充実した人生を送ることができるでしょう。**結果を出し続ける人の多くは、人と同じことをしている間に、どんどん学んで成長しているのです。**

重要なのは、無駄を作らないこと。何かを見るたびに、「これは自分だったらどうなんだろう」「自分だったら何に活かせるんだろう」と、常に「自分だったら……」と考えます。

「すごくきれいだな。自分だったら、このきれいな環境をどのように捉えるんだろう」「どういう価値に変えられるんだろう」などと考えるのです。

目の前のものを価値に変える方法は、次の3ステップです。

①目の前のものについて感情で評価する

例1）面白い映画だった
例2）素晴らしい食事会だった

②感想の理由を具体的に考える、分析する

例1）映画のどこが面白かったのか：印象に残っている場面は何か？　映像が良かったのか？　あるいは話の筋が良かったのか？
例2）食事会の何が素晴らしかったのか：味付けか？　レストランの雰囲気か？　料理の盛り付けか？　スタッフのサービスか？

③素晴らしかった点を、自分であれば何にどう活かすのかを考える

例1）映像のカット割りが細かくて目を見張った↓自社の動画コンテンツに取り入れよう

例2）レストランのトイレが常にピカピカだった↓お客様が使う場所の清掃を徹底しよう

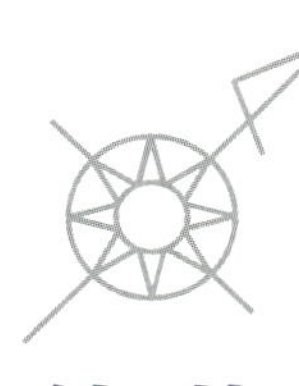

苦手な相手、嫌いな相手こそ使い道がある

▼苦手なタイプを〝観察する〟と自己成長できる

苦手なタイプの人、周囲から疎まれている人、「変わり者」扱いされている人……、そういう人たちと一緒にいる時間は無駄でしょうか。

決してそうではありません。それどころか対処方法によっては、彼らと一緒にいる時間が自分を成長させる時間になります。

【自分を成長させる、苦手なタイプの人への対処方法】

①苦手だったり、周囲から疎まれている相手だとしても、感情的にならずに、フラットな気持ちで接する。

⬅

②行動や発言など、相手をよく観察する。

⬅

③なぜ、そのような行動を取るのか、言葉を発するのか、分析する。

⬅

④自分は相手のどんなところが苦手なのか、なぜ自分はそう思うのか、自分の内面を分析する。

⬅

⑤自分にないもので、取り入れたほうがいい相手の行動や発言を取り入れる。不快感を与える相手の行動や発言があった場合、自分も同様の行為をしていないかチェックする。

相手の言動と自分の内面を観察し分析することで、次の3点での成長が期待できます。

①コミュニケーション能力が高まる

現代のように多様性の時代を生き抜くには、さまざまな考え方、さまざまな背景を持つ人との上手なコミュニケーションが求められています。

苦手な人とフラットに接するには、自分の感情をコントロールしたり、共感力を高める必要があります。苦手な人と接すること自体、自分を成長させます。

②自分の思い込みや固定観念を改められる

苦手だと思っていた人でも、よくよくつき合ってみると、「意外と気づかいができる人だった」「いい人だった」と気づくケースも多々あります。

深く観察、分析することで、相手をより知ることができて、自分の思い込みや固定観念をあらためることができます。

③自分の行動をあらためられる

「人のふり見て我がふり直せ」ということわざがあります。他の人のふるまいを見て、「良いと思うところがあったら見習って、悪いと思うところは反省して、直すべきはあらためよう」という意味です。

「人から疎まれる人」からは、人から疎まれる行動や言葉を学べるため、自分を振り返り、行動や言葉をあらためる機会になります。

人から疎まれたり、少し変わっているといわれたりしている人の中には、大きな結果を出している人も少なくありません。そこからの学びは大切です。

「人から疎まれているから」「少し変わっているから」という理由で、**つき合わないのは、もったいない**のです。

人と会うときには、相手がどのような人であっても、「この人から学ぼう」という姿勢をいつも持ち続けるようにしましょう。

第5章

モチベーションも結果も最高潮を保つ「継続力」の極意

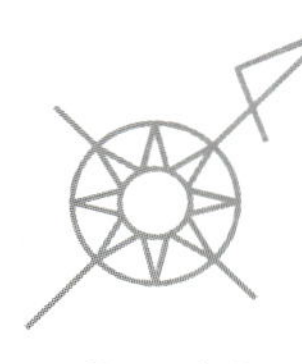

稼げる人と稼げない人の決定的な差は「一生懸命さ」の質の違い

▼10分の1しか稼げない人には、何が欠けているのか

世の中には、月収17万円の人もいれば、月収170万円の人もいます。同じ170万円を稼ぐのに、一方は10カ月働かなければならない。一方は、1カ月働けば、9カ月は何もしなくていい。

お金を稼げる人と稼げない人の違いは、一体何でしょう。誤解を恐れずに言えば、「一生懸命さの質の違い」が答え。一生懸命さが無駄な努力になっている人と、自己成長をうながしている人がいるのです。

仕事ができるようになるためには、〝自己成長をうながす方法〟で、一生懸命にコツコツと働くことです。一方でそれができていない人は、「最短最速で結果を出すように取り組んでいない」「常に考えていないから、運任せで行き当たりばったり」に陥っています。

この状態が積もりに積もって、結果の出ないことに時間と労力を使っています。

ただし、お金を稼げばそれでいいわけではありません。お金がふんだんにあって、自由になっても、社会的に見て人の役に立つ価値ある仕事をしていないのであれば、幸福とは言い難いです。やりがいも感じられないからです。**「社会に役立つ、価値ある仕事を一生懸命にやって稼ぐ」のが理想**です。

一度立ち止まって、今の自分の仕事、働き方を振り返ってみましょう。もし、一生懸命に働いても稼げずに、社会的に役立つ仕事と思えないのであれば、転職も考える必要があります。

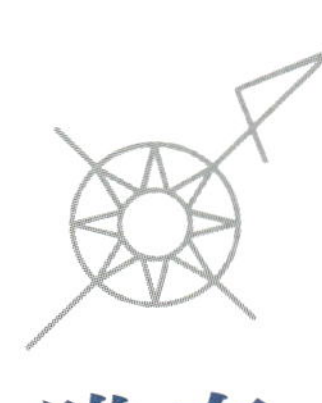

奈落の底から這（は）い上がる唯一の方法

▼どんなことでも負けたら悔しがれ

人間は一度堕落した生活に慣れると、なかなか這い上がれません。

周囲から期待されていないと思い込み、「このままでも、別にいいや」とあきらめの気持ちが沸いてきます。

何も考えずにいることはラクです。ですが、現状に慣れて「コンフォートゾーン（＝居心地のいい場所、負荷のない状態）」にいると、這い上がろうという気が沸いてきません。

余計に抜け出せなくなります。

うまくいかない自分に妥協したり、堕落した生活に慣れてはいけないのです。

堕落したらなかなか這い上がれないことを、私が実感したのは中学生の頃です。小学校から卓球をやっていた私は、中学校に入るとすぐに新人戦で優勝し、全校集会で優勝者のあいさつをしたこともあります。

ずっと負けなしでした。そのときに思いました。「ちょろいもんだな」と。

完全になめていました。なめていると、練習も手を抜きますから、やがて勝てなくなります。

ある試合で負けたときのことです。不思議と、あまり悔しいとは思わなかった。「ベスト8くらいでもまあいいかな」と納得してしまったのです。

本来、ここで悔しがらないと、負け癖がついてしまいます。 勝者（＝1番）でなくなると、人間は堕落の世界に慣れてしまうことを思い知らされました。

オリンピックの選手が負けると、思い切り悔しがって涙を流します。悔しさから強い感情が出ます。強い感情が強いエネルギーを生みます。そのエネルギーが次の勝利に結びつくのです。**負けたら、悔しがることが大切です。**

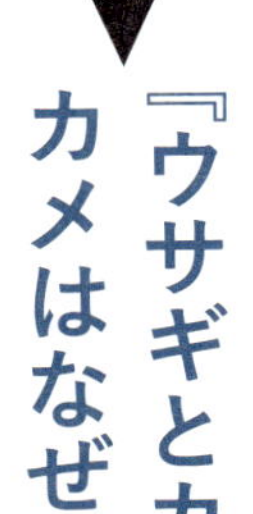

『ウサギとカメ』のカメはなぜ勝てたのか

高校受験でも、私は同じ失敗をしました。

中学時代に成績が良かったため、あまり勉強せずに地域で1番の進学校を受験したら、ものの見事に落ちました。完全になめていました。

受かったのはすべり止めだけ。「そんなところは行きたくない」とやけになり、入学式も行かず、心の整理がつくまで3カ月かかりました。不登校です。

なんとか高校に行き始めてみると、休んでいたにも関わらず、私の成績は上のほうでした。「なんだ、やはり楽勝だ」と悦に入っていました。

ところが、です。クラスに、とある女子生徒がいました。コツコツ一生懸命勉強している努力家です。最初は私のほうが成績は上。ところが、彼女の成績はいつのまにか上がっていき、あっけなく私を抜いていきました。彼女を見て痛感しました。

「コツコツやる人には敵わない……」

そんな実体験から自分もコツコツ勉強するようになり、堕落した生活から抜け出せるようになりました。

継続的な努力を怠ってきた人が、「コツコツ型になる」ポイントは次の３つです。

①「自分は天才ではない」と思う

努力以外はものにならないことを肝に銘じること。

②小さな一歩から始めること

必ずしも大きな一歩じゃなくていい。小さな一歩から始めることです。続けられてこそナンボですから。

③コツコツやれば、最後は勝てると信じる

『ウサギとカメ』の話もあるように、コツコツやれば、最後は勝てます。そう信じて、コツコツ続けることが大切です。

「不器用だけどコツコツ頑張る人」が「要領が良くて手を抜く人」に勝てる理由

▼経営者はコツコツ真面目に働いている人に共感する

積み重ねていくタイプは、忍耐力がある上、自分が不器用だと知っているので聞く姿勢が謙虚です。

すると、周囲が教えたくなる。本人もそれを吸収しようとする。だから、着実に成長していきます。

一方、要領のいいタイプは、基本を身に付けないうちに次へ次へと進んでいきます。基礎が定着していないうちに、自分なりに応用してしまうので、**やがてつまずきます。**

要領がいいタイプは、一時的に収入が上がってもあるときストンと落ちます。急に大金が入ると、大金に慣れていないために、使い方が派手になる上、お金があると人が集まってくるため、交友関係も派手になりがち。すると、お金はまたたく間になくなります。

要領のいい人は、見ていてわかります。立ち回りが上手で、何でもうまくやります。でも、どこかで手を抜いている。だから、**経営者からすると鼻に付く。**

平等に育成しているつもりでも、コツコツ頑張っている人に無意識に目をかけてしまいます。最終的に大きな結果を手にするのは、要領のいい人ではなく、不器用でも時間がかかってもコツコツ頑張る人です。

3〜5年コツコツ続けると結果が出る

「コツコツやる」ことでしか結果は出ない、と言っても過言ではありません。

そうはいっても、実行するのが難しいのはよくわかります。**実行に移す秘訣は、「コツコツやれば結果が出る」と強く信じること**です。

今はうまくできないとしても、「目の前のこの仕事をとにかくコツコツやろう」と開き直る。そして、少しずつ勉強し、身に付けることがあれば、少しずつトレーニングをする。すると、人によっては3年、たいていの人は5年も経つと、うまくできるようになります。もちろん前項でお伝えしたように、ただ同じようにしていてもダメで、〝やり方も〟コツコツと改良し続けるのがポイントとなります。

日々の努力が積み重なり、成果があらわれ始めるのです。そして、周囲の評価も変わってきます。

「おまえ、こんなにできると思わなかった」と言われるようになります。

「いのうえ歯科医院」のスタッフを見ていても、コツコツタイプは、5年もすれば、目に見えて成果を出せるようになります。

要領良くやって5年いる人より、不器用だけどコツコツやって5年いる人のほうが成果は出ます。

思うような結果が出ないなら環境を変えてみる

コツコツやってもなかなか結果が出ない場合は、環境を変えると結果につながる可能性が大きくなります。人は環境に左右されるからです。

コツコツやっている人を応援してくれる人、見てくれる人、引き上げてくれる人がいると、結果が出やすくなります。いない場合は、難しくなります。

会社など組織に所属している場合、いながらにして環境を変えるのはかなり困難です。雇う側、上司に見る目がなければ、つまり、コツコツやっている人を引き上げる資質がなければ、成果を出すのが難しくなります。

その場合は、見極めて「辞める」のも一案でしょう。自分の良さをわかってくれる企業への転職を考えましょう。

優秀な人を集めて即戦力にするよりも、不器用でもいいから、真面目で、誠実で、コツコツ努力できる人材を採用して、コツコツ育てながら業績を上げていく職場もあります。

そういう職場は、結束力が高くて、盤石です。みんなが周りの痛みをわかる強い組織の場合も少なくありません。

自分を育ててくれる職場かどうかを見極めるポイントは次の4つです。

①経営理念（ミッション）があり、理念が自分の考えと合っているか
②組織が仕組み化されているのか（マニュアルなどが整っているか）
③人材育成システムが整備されているか
④働いている人がやりがいを感じているか

公式ウェブサイトや株主向け資料、ニュースリリースなど、公開されているあらゆる情報を見て分析をします。

ミッションもなく、組織もきちんとしていない、就業規則もない。そのような「ないないづくしの会社」は要注意。自分を高めてくれる可能性がないとはいえませんが、面倒見が期待できないので、避けたほうが無難です。

職場は大半の時間を過ごす場であり、成長の場でもあります。しっかりと見極めましょう。

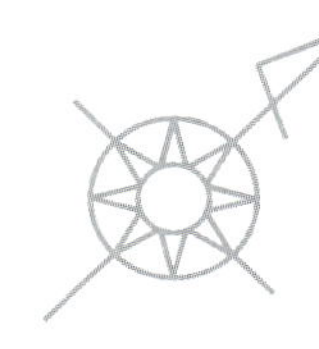

習い事なら3カ月試して向き不向きを見極める

▼何かを始めたとき、最初は誰でも不格好

習い事や何かを学びたいと思うとき、やり始めは、「うまくできないから」とあきらめたくなります。しかし、それでは、何も身に付きません。

何かを成し遂げるには、最初はうまくいかなくても、ある程度、コツコツ続けることが大切です。

以前、滞在していた東京のホテル内にあるスタジオで、ピラティスのレッスンを受けていました。腰痛を治し、体幹を整えるためです。ただしスタジオはガラス張りだったため、いろいろな人から見える空間でした。

多くの人がそうであるように、始めたばかりの頃は、体形もいま一つで、ぴったりしたウエアを着た自分の姿を人に見せるのは恥ずかしいものです。

私も同様でした。動きもぎこちないので、みっともないし、様になっていないし、カッコ悪い。「ダサい」と自分でも感じました。

それでもコツコツ続けていると、体形が少しずつ変わって、動きもスムーズになってきました。

ある日、「あれ、なかなかいいね、自分」と変化を実感したのです。

▼真のいい景色は、恥ずかしさを乗り越えた先に待っている

どんなことでも、ものにする前の自分は嫌なものです。恥ずかしく思うことも多い。しかし、恥ずかしさを乗り越えた先に「良い結果」が待っています。

たとえば、英語がまったく話せない人がいるとしましょう。最初は話すのが下手で、つっかえつっかえ。人前で話すのは恥ずかしいほどです。しかし、コツコツ続けていると、必ずうまくなる日がやってきます。

恥ずかしくても続けた先には、必ずカッコよく話せる日がきます。そう信じて、できな

い自分を励まし、「できる日にたどり着く」までコツコツ続けることが大切です。

1年なら1年と期限と目標を決めて、目標を達成するための計画を立て、物事を進めるのが理想です。

しかし、そこまで考えるとなかなかスタートできない場合もあります。

そんなときは、**まずは「だらだら」でも構いません。少しでもいい、一歩でもいいから始めてみる。**

できれば、**最低3カ月は続けてから自分を評価します。**

結果がまったく出ていないときには、「これは自分には向かない」と思うかもしれません。だとすれば、やめてもいいでしょう。逆に少しでも結果が出ていたなら、本格的に取り組みます。

たとえば、ダイエットでも、最低3カ月はやってみる。

やり始めた方法で、まったく効果が出ていなければ、「自分に合わない」と考えてもいい。ですが、3カ月もやることなしに、結論を出すのは早すぎます。

続けているからこそ、見えてくるものがたくさんあります。

コツコツできるようで、できない人もたくさんいます。だからこそ、コツコツ続けているだけで、人から信頼されるのです。

コツコツやっているだけで、人間として評価されるものは大きいのです。「コツコツ」を続けると自分がどんどん変わっていくだけでなく、人からの見られ方も変わります。

「コツコツ」は生きる上での最大の武器です。長くやればやるほど、強い武器になります。

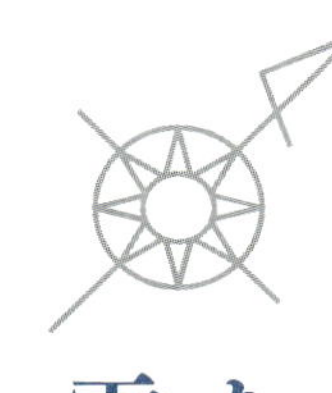

ただ続けるだけなのに、自信も結果も雪だるま式に蓄積していく

▼誰でもできることなのに、他を圧倒するパワーが強い

コツコツ続けるメリットの一つは、**続けるほど自分に自信がつくこと**です。「前回コツコツやっていたらうまくできた。今回も絶対そうなるだろう」と思えるようになります。

時間をかけて続けたことは、実際に自分の圧倒的な強みになるからです。

私は約5000日、休まないでFacebookに投稿し続けています。5000日を365日で割ると14年弱です。

台風が来ようが、海外に行こうが、病気になろうが、両親が亡くなろうが、必ず投稿しています。内容ももちろん大切ですが、**「毎日確実に14年間同じこと（投稿）を続けた」という事実は、周囲を圧倒します。**

この話を会った人にすると、誰もが例外なく、「それは、すごいですね！」ととても驚き、評価してくれます。毎日投稿を続けただけなのに、一目置かれるのです。

コツコツ歩いて山の頂上にたどり着くと、たどり着いた人にしか見えない景色、気分を味わうことができます。

▼何でもいいから、毎日15分だけでも続ける

仮に誰かが私に、

「井上さんは、人間力に関する本を書いているけれど、本当に人間力があるんですか？」

と問うてきたら、

「人間力に欠かせないのは成長。成長に欠かせないのは続ける力だよ。14年間欠かさずにSNSに投稿し続けてきたのは続ける力がある証だ」と自信を持って返事するでしょう。

少なくとも、私の知る限り、歯科医師の世界でも出版界でも、それだけ投稿を続けている人はいません。「続ける」ことは、それだけ価値があります。

褒められることで喜びを感じ、続けられたという実績は自信にもつながります。

一つのことに愚直に時間を費やす習慣が、自己成長につながります。

毎朝何気なく過ごしていた15分を使って「朝のひとこと」をSNSに投稿するだけでもいい。毎朝15分だけ英会話の勉強をするのでもいい。

とにかくコツコツ毎日やる。そうすれば、5年後、10年後に大きな力になっています。

朝の15分を何気なくテレビを観ることに使う人と、何かを成し遂げるために使う人とでは、5年後、10年後、歴然とした差となってあらわれるでしょう。

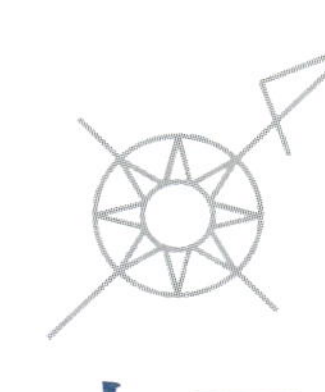

「1番」と「オンリーワン」との上手なつき合い方

▼1番じゃなくていい。本気にならなくていいときとは?

前項でも何度かお伝えした通り、1番になるというこだわりを持たなければ、成果は出ません。

まずは、1番の気持ち良さを経験して、味を占めることです。すると、1番からランクダウンしたときの「負けの苦しみ」がわかります。

しかし、です。言い方を変えると、**そこまで本気で1番を狙いたいものでなければ、「やる必要がない」と考えることができます。**

究極を言えば、「ワーク・ライフ・バランス（仕事と私生活の両方が満たされていること）」が1番でさえあれば、何かで1番である必要はありません。なぜなら、自分が満足しさえすればいいのだから。

ただし、何かで結果を出し続けたいと思うから、本書を手に取ったはず。でしたら、本気で1番になりたいものを探し続ける習慣は保ちたいところです。

▼オンリーワンを言い訳にしない

「ナンバーワンよりオンリーワンがいい」という人もいます。

しかし私はそうは思いません。ナンバーワンとオンリーワンは比較するべき価値観ではないと考えています。

というのも**多くの人が、ナンバーワンになれない言い訳として、「オンリーワンでいることが大事」と言っている気がします。それはいただけません。**

オンリーワンを目指すのであれば、「なぜ自分はオンリーワンを目指すのか」「自分にとってのオンリーワンの個性は何か」を明確にすべきです。**目的や理由がはっきりしていて腑に落ちるのであれば、オンリーワンもぜひチャレンジしてください。**

ですから私は、オンリーワンを否定しているわけではありません。**「ナンバーワンとどちらが偉いか？」という比較がナンセンス**なだけです。

結局のところ、**ナンバーワンでもいいし、オンリーワンでもいい。自分の価値が上がるのであれば、全部もらいにいきましょう。**

目標が複数あれば、それも全部狙いにいきたいところです。二兎を追う者は一兎をも得ずとはいいますが、それは前項でもお伝えした通り、いっぺんに狙うと難しいだけであり、順を追って一つずつ狙うのならいいでしょうし、同時進行でも片方に支障をきたさなければ、熱が冷めないうちにどんどん突き進むのもいいことです。

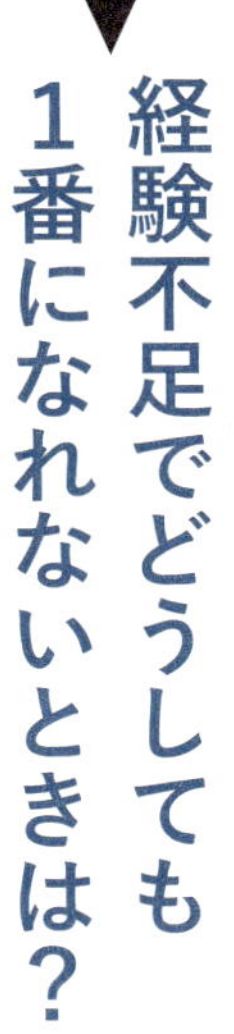

経験不足でどうしても1番になれないときは？

私は、大勢の前で自己紹介をするときに、気持ちとして、「この中で2番の井上です」という紹介はしたくありません。

「今日の出席者の中で1番（プロフィールの内容が優れている）の井上です。皆さんよろしくお願いします」という気持ちで立ちたいです。

想像したときに、1番と言えない自分がみじめだと思うからです。

若く経験が足りないときは、大勢の場で「自分が1番」と言えない場面もあります。それは、どうしようもありません。

とはいっても、本気になれることなら、どんどん挑戦してほしいです。それで**1番になれなくてもいい**のです。

しかし、です。ここからが、とても大事。**1番になれなかったみじめさを存分に味わってください。**「もう2度と、情けない思いをしたくない」と心の底から感じることです。

すると、何かに取り組んでいるときに、みじめな境遇をイメージしやすくなります。そして、「そうなりたくないから頑張ろう」と自分を鼓舞できます。

▼「若い」だけでこんなに有利

大切なのは、相手に負けていない自分をいつも持つように努めること、そして、**自分の負けていない部分にスポットを当てる**ことです。**心の優位性を持つ、**と言い換えたほうがわかりやすいでしょうか。どんなことでもいい。小さなことでもいいのです。

私であれば、すばらしい俳優Aさんと並んだ姿をイメージした場合、「自分は、演技はできない。だけど、Aさんは患者さんの歯は削れない。私はそれができる！　負けていないよ、自分」。すると、自分に勇気が持てます。

ちょっとズルいかもしれませんが、それで奮い立つのであれば何だって構わないのです。

年下の後輩に営業成績で負けた場合、

「今回、売り上げの数字ではかなわなかった。だけど、自分のほうが新規開拓の数はダントツに多い。負けていないじゃん、自分」

すると、**無駄な落ち込みから立ち直れます。**

と同時に、**自分が今まで気づかなかった得意分野が見つかる**ことさえもあるのです。

そうはいっても、こんなケースもあるかもしれません。

バリバリに仕事ができる先輩と自分が並んだときです。経験が少ないために、どうしても分が悪くなります。

そんなときは、たとえば、

「今の自分は仕事では敵わない。だけど、先輩は5歳年上だ。自分は5歳も若い。若さでは負けていないじゃん、自分」

と考えた上で、若さを逆手にとって、次のような発想をするのです。

「自分は仕事ではかなわない。だけど若いから、**気力も体力も先輩よりもある。**人一倍努力して勉強できている。努力では負けていないよ、自分」

「型にはまっていないから、柔軟性が高い。**先輩が気づかないこと、得意じゃないことも、自分のほうがどんどん挑戦できるし、結果も出せる！**」

こんなふうに言えれば、立派なもの。ものは考えようです。

1番は短期目標ではない。持続性の極めて高い動力源となる

▼「2番はダメなんですか？」。はい、ダメです

2番ではダメなのか。率直に言えば、「ダメ」です。

なぜ、2番ではダメなのか。その理由をよく聞かれます。

数字だけを見ると、2番は、「1番の次であり、1番のすぐ隣」だから、いいじゃないか、と考えるかもしれません。でも、ダメです。

そこまで私が1番にこだわる理由を、わかりやすくするために、極端に振って説明しましょう。

2人の人がいて勝負をして、1番か2番を決めることになったとします。

1番になれば、100平米の住まいに住める。2番は1畳ほどの住まいに住める。どちらがいいか。たいていの人は「1番がいい」どころか「1番じゃないと嫌だ！」と言うでしょう。

オリンピック選手も、金メダルが取れないと、泣いて悔しがります。それは、「1番が1番いい」と思っているから。金と銀では、自分にとっての価値が全然違うと思っているからです。相撲の世界も、横綱になるのか大関でいるのかで、全然違います。

極端に説明しましたが、1番と2番は全然違うのです。

自分が成長したいのであれば、最高峰の1番を目指すこと。それによって「頑張る」という強い気持ちが生まれます。

1番を目指すからこそ、自分の限界を超えようとするエネルギーとモチベーションが生まれてくるのです。やる気がまったく変わってしまいます。

結果として**1番になれなかった場合でも、大きな成長を遂げられます**から、1番狙いは非常に価値のあることなのです。

▼これで最後だと思うなよ

「1番を目指す」というと「欲が強い」「欲を持つのは良くない」という否定的な人もいます。

果たして本当にそうでしょうか。私は違うと思います。

世界的企業・パナソニックを一代で築き上げた松下幸之助さんも、次のように言っています。

「欲望は生命力の現われであります。それ自体は善でも悪でもありません。欲望が強いことは、生命力の強いことを表わすのであります」（『松下幸之助の哲学』／ＰＨＰオンラインより）。

欲望（不足を感じて、満たそうと強く望むこと）が強いと、意欲（そうしたいと思う心）までも生み出します。

80歳を迎えた患者さんが「少し高い入れ歯を作ろうかしら。もう最後だから」と少し暗い声でおっしゃったことがあります。

そのとき私は、１００歳まで長生きしてほしい、という気持ちを込めて、「最後じゃないですよ。１００歳になったら、また自分へのご祝儀で高い入れ歯を作ったらいいじゃないですか」と返しました。

すると、患者さんは、パッと明るい顔になって、「そうかしら？」と喜んでくれたのです。

これで最後とは思わず、ずっと最高を目指し続けることは、生きる気力をも生み出します。**常にモチベーションが高いままであるだけでなく、目標がずっとあるのは生きていて**

楽しいことです。

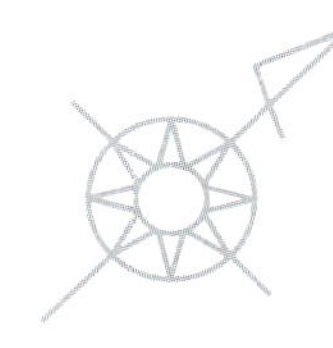

カッコよさ重視は不純ではない。極めて正しい選択である

▼カッコよさにこだわるとコミュニケーションまでうまくいく

何かの選択に迷ったとき、何を基準に選んでいますか？

私の場合、**「カッコいい」かで決めています。**

カッコよさとは、誰よりも結果が出ていて、魅力的な自分です。

カッコよさには、**見た目のカッコよさ、内面のカッコよさ、知的なカッコよさなどさまざまあります。**その対象によって、

「これを着たら、見た目がカッコよくなるな」

「こういう考えは、内面がカッコいいな」
「この知識を身に付けていたら、知性的でカッコいい」
といった具合に、すべて「カッコいい」かどうかを基準にしています。

私は、世界ではじめて、潜在意識の世界的権威であるジョセフ・マーフィーの世界タイトル「ジョセフ・マーフィー・インスティテュート公認グランドマスター」を取りました。取得するためのコンプライアンスが厳しく、時間がかかることも明らかでした。でも、「どうしてもほしい」と思いました。権威がありますし、何より公認されたら「カッコいい」からです。

私はボクシングを習っています。始めた理由は、「ボクサーはカッコいい」と思ったから。毎週欠かさずにジムに通っているのは、カッコいいスタイルを手に入れたいからです。周囲から「井上先生はいつ会ってもスマート。すごい」と言われると、その期待を裏切らないように、体形維持に熱が入ります。

どんなに疲れていても、ジムでのトレーニングは休みません。ずっと体形維持のための努力をし続けています。

なぜ、カッコよさにこだわるのか。それは、**想像以上に周囲に与える影響が大きい**からです。カッコいいほうが、まずは相手が抱く先入観からまるで変わってくる。一目置いてくれて、下手な態度で接してこなくなります。**最初から優位に立てる**のです。

そして**人に好印象を与え、コミュニケーションが良好になり、ビジネスもうまくいきます。**

▼相手に与える印象は言葉よりも表情が優先される

ここでは、特に大切だと思う見た目のカッコよさのメリットをお伝えします。

「メラビアンの法則」という有名な心理学上の法則があります。アメリカの心理学者、アルバート・メラビアンが提唱したものです。人と人とのコミュニケーションでは、「言語情報が7％、聴覚情報が38％、視覚情報が55％のウェイトで影響を与える」という法則になります。

単純に「見た目が1番大事」ということではなく、言語情報、聴覚情報、視覚情報が一致していない場合には、どの情報が優先されて判断されるかを示した数字です。言葉では「好き」と言っていても（言語情報）、顔が怒っていた（視覚情報）場合は、**視覚情報が最優先されて、**自分が嫌われていると受け取ってしまう、ということです。

言葉以外のコミュニケーションの大切さを示しており、コミュニケーションにおいて、見た目は無視できない情報であることがわかります。

ビジネスパーソンがプレゼンや営業で人に会う場合、自分の言葉、発言に説得力を持たせたいのならば、説得力のある見た目が大切なのです。

また、オランダのマーストリヒト大学で労働経済学を担当したダニエル・S・ハマーメッシュ教授は、「見た目で生涯年収の差は2700万円」にもなるという調査結果を発表しています（『美貌格差　生まれつき不平等の経済学』東洋経済新報社／望月衛訳）。

誤解を恐れずに言えば、**見た目が「カッコいい」「きれい」「きちんとしている」人は、そうではない人よりも、コミュニケーションがうまくいったり、仕事を依頼されたり、年**

収も高くなったりする確率が高いことがわかっています（もちろん、見た目に関係なく成果を上げている人もいますが）。

迷ったときに「カッコいい」かどうかで選んだほうが、結果が出やすくなるということです。

▼ファッションを勉強なんてしなくていい。大事なのは……

見た目の印象を良くすると、周囲から応援もされやすくなります。

そう言うと、「ファッションを研究しないといけないのかなあ……」「もう若くないし」「周りに相談できる友だちがいないし」と思ってしまう方もいるかもしれません。

でも**別に、難しくはありません。**「ヘアスタイルをきちんと整えている」「高価でなくてもいいので、アイロンのかかった清潔感のあるシャツを着ている」「TPOに合わせた服装をしている」「手の爪をきれいに整えている」「眉毛の手入れも欠かさない」、そういったことでも、大きく印象をアップさせることができます。

お金を持っているかどうかに関係なく、性格にも関係がなく、実績にも関係ない。**やろうと思えば誰でも使える清潔感で、演出できます。**

さわやかな清潔感のある人は、どんな人にも好印象を与えます。応援してもらいたいのであれば、まずは見た目の印象をよくするように心がけましょう。

もちろんファッションに興味があれば、調べてみるのは大いに結構。でも**清潔感がなければ、どんなファッションも台なし。**ヨレヨレでシミの残った高級ブランドスーツより、洗濯してシワのないファストファッションのシャツのほうが、印象ははるかにいい。

優先順位としても、清潔感から整え始めてください。

▼事実は変えられなくても、捉え方なら変えられる

「カッコよいと思えない過去があるけれど、それはどうしたらいいのですか?」と質問を受けたことがあります。

確かに過去の事実は変えられません。

でも、捉え方は変えることができます。

「変えられない過去」へのこだわりを捨てて、今からできる行動を、どんどんしてはどうでしょうか。**これからでも変えられるところを、徹底的に変えて輝くのです。今輝いてしまえば、過去なんてどうでもよくなります。関係なくなります。**

カッコ悪いということも含めて二度と起きてはほしくない過去は、私にもたくさんあります。その一つとなる大きな事故に遭った当時、私は味わったことのない失望を感じました。その事実は変えられません。

しかし、歯科医師として、著者として結果を出し続けてきた今は、悲しみを乗り越えら

れています。事故を思い出したとしても、現在は悲しさに引きずられることはありません。未来を見据え、今を充実させれば、過去の痛みは消えていきます。

自分の決断次第で、過去さらには今の状況の捉え方は、変えようと思えば、ほとんどのことは変えられます。

この際なので、**変えられるところをリストアップし、すべて変えてみましょう。**カッコいい自分なんて、これからいくらでも作ることができるのです。

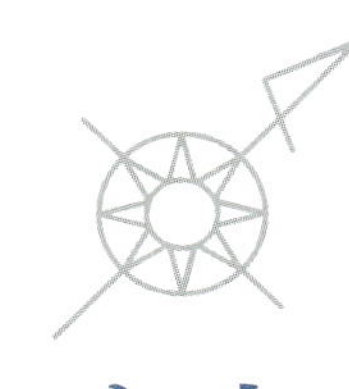

人を応援するのもいいが、まずは自分を応援する

▼お金や時間の使い道こそ、結果から逆算できていない傾向にあり

最近は応援というのが、ますます流行ってきているようです。

アイドルなどの推し活もその一つですが、私が深く関わっている一つの出版界でも、クラウドファンディング（クラファンとも呼ばれる。インターネットを通じて、不特定多数の人から資金を集める仕組み）を利用する人が増えています。

本を出版した、あるいはこれから出版する著者が、主に資金集めを目的に利用していま す。本の製作費や宣伝費として、活用しているようです。イベントの参加権やサイン入り書籍などが、リターン（資金を提供してくれた支援者に、お礼として贈るもの）になる場合が多いです。

支援者になっているのは、身内や知り合いがほとんど。私も支援を頼まれることがありますが、積極的には関わっていません。

全部が、とはもちろん言えませんが、**その多くが、支援にどんな意味があるのかと首をかしげたくなるから**です。

リターンとして、1冊、2冊サイン本をもらったり、大勢が集まるパーティー（イベント）に参加したところで、その著者の本当の応援になるのか疑問です。

知らない人が100人集まるパーティーに参加したところで、自分の成長をうながすような価値がもたらされるとも思えません。

クラファンを含め、他人への応援自体を否定するわけではありません。義理やつき合いではなく、応援の行為自体に意味があると思えば、積極的に応援するのは価値があります。しかし、**大切なお金や時間の使い方をもっと真剣に考えてほしい**ということです。

せっかくクラファンも含め支援をするのであれば、社会的に困っている人のサポートになるプロジェクトを優先してはどうでしょうか。

社会の役に立つと同時に、社会に役立つことで自分の価値を上げられます。企業でも「○○の活動を応援しています」と表明するのは、文化、芸術やスポーツなど、社会貢献をしている場合です。

社会貢献は企業の価値を高めます。個人も同じです。**社会貢献に注力するほうが自分の価値は高まります。**

▼本当に力になりたいなら1対1で応援する

身内や知り合いの力になりたいのであれば、クラファンよりも、もっと確実な方法があります。

前項から続いて出版を例にしますと、自分のSNSでその本を取り上げたり、あるいは友人に本を紹介してあげたりするのもいいでしょう。本をPR材料にして著者の仕事につながる人を紹介して、相手の世界を広げてあげてもいい。相手対自分は、1対1の応援になります。

クラファンのリターンとして、仮に100人規模のパーティーに参加したとすれば、自分は100人の中の一人に過ぎません。極端に言えば、自分の価値は100分の1に薄まってしまうのです。

本当に応援したい相手ならば、**1対1の関係で応援したほうが喜ばれると思いませんか。相手の印象にも残ります。**

本当に応援したい人ではなく、単につき合い程度の気持ちならば、無理に応援する必要はありません。自分に何も価値を生み出さないのであれば、クラファンで支援するのは控えたほうがいい。

それよりも、自分の支援、つまり、自分を磨くこと、自分の成長のために時間やお金を使ったほうがよほどいいと思います。

クラファンで支援をして、イベントに参加し、「その著者と近づきたい、パイプをつなげたい」という目的を持っている人もいるようです。それはそれでいいと思いますが、だとすれば、**確実にパイプをつなぐことです。**

「著者とつながる」という結果を出さなければ、クラファンで支援した意味がありません。

どんなことでも、自分から行動した以上は、自分の価値に変えることが大切です。

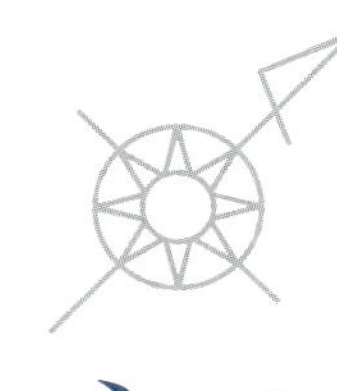

ベストパフォーマンスを出すための心と体の管理術

▼人とのつき合いは必要最低限にする

常にベストパフォーマンスを発揮するためには、自己管理が欠かせません。基本中の基本になりますが、管理すべきは心と体の健康です。

心の管理で不可欠なのは、ストレスコントロール。ストレスは、心理的、行動的、身体的な生体反応であり、完全にはなくせません。生きる上で必要な反応でもあります。

しかし、**多すぎる場合は、減らす必要があります。**ストレスを減らすポイントは次の3つです。

①人とのつき合いを最小限にする

人とのつき合いは時間とお金がかかり、ストレスも多いものです。

そこで、人とのつき合いを最小限にして、時間やお金を自分の能力を高めるために使います。自分を高めることで、人と会った際には、あなたの魅力を存分に感じてもらえるはずです。相手の価値を高めることにもつながって、お互いにWIN－WINの関係になります。

②最優先を明らかにしておく

自分にとって1番大切なものが何かを明確にし、守っていく。すると、他で結果が出ていなかったり、何かを失ったとしても、心の安定を図れます。

私で言えば、歯科医師という原点と、患者さんに認められているかどうかです。収入源でもあり1番大切なものです。

③執着しすぎない

自分が何かを失ったとき、執着せずに切り離す。そのためには、別のものをいくつか用意しておくことです。すると、失ったものが小さく見えてきたり、どうでもいいものだったと思えたりします。

でも失うものが、もし1番大切なものだったとしたら……。「失ったときにそうなる運命であり、より良いことが与えられるために必要なこと」と、少しは楽観的に考えることも大切です。

最初からはなかなかできないかもしれませんが、繰り返しているうちに徐々にその執着も軽減されていくでしょう。

▼「運動」「睡眠」「食事」に勝る体の健康維持は存在しない

体の健康を維持するには、運動、睡眠、食事に配慮します。「もっと手っ取り早い方法はないの？」と思うかもしれませんが、ありません。

睡眠と食事は、誰もが毎日必ず行う行為ですから、極めて重要です。運動にしても、どんなに忙しくどこにいようが、できる運動は必ず存在します。

①定期的に運動をする

運動をすると、筋肉や心肺機能が強化され、体力が向上します。

その結果、集中力が高まり、疲れにくくなって、パフォーマンス向上に役立ちます。また、血流が良くなると、脳への酸素供給も増えるため、思考力の向上にもつながります。心を健康に維持するためにも運動は欠かせません。

青空の下でジャンプをしたり、ストレッチをしているだけでも、ストレスは減ります。

おすすめは、最低週2回の定期的な運動です。私は、週2回ジムに通って筋トレを行い、ボクシングも習っています。ボクシングを続けているのは、ヒョウやピューマのような可動性のある体作りをしたいからです。護身にもなります。

自分の好きな服を着るための体形維持も兼ねているので、ジムとボクシングは休みません。筋トレに限らず、ウォーキングや水泳などでもいいでしょう。定期的に体を動かすことを習慣化します。

②必要な睡眠を取る

寝不足は人生の質を下げるといわれます。

睡眠を削ると、ストレスが溜まる、翌日のパフォーマンスが下がる、集中力が下がる、健康を害す、など多くのデメリットがあるためです。

人によって適切な睡眠時間は異なります。私はショートスリーパー（6時間未満の睡眠でも、日中の眠気がなかったり、健康上の問題がない人）で、平均睡眠時間は3時間です。

一般的な適正睡眠時間は、成人の場合、おおよそ6～8時間とされています（「良い睡眠の概要（案）／厚生労働省」より）。

忙しくても睡眠時間は削らずに、自分に必要な分は確保しましょう。

③決まった時間に体に良いものを食べる

食事は、毎日決まった時間に体に良いものを食べるように心がけています。時間はだいたい朝7時、昼12時半、夜7時です。時間を決めておくと、消化や代謝のリズムが整い、効率よく栄養の吸収ができます。

食事の内容は、タンパク質を中心に、旬のもの、新鮮なものを食べるようにします。タンパク質は、筋肉や骨の維持、免疫機能の強化などに深く関わっていますので、健康維持に欠かせません。

たとえば、家での朝食は、定量のシリアル、低脂肪牛乳、ヨーグルト、フレッシュ野菜ジュースと、2~3切れの果物、エスプレッソ、と決まっています。

ホテルに宿泊しているときは、サラダ、キノコ類、卵料理、ヨーグルト、スムージー、カフェラテです。

パンは大好きですが、糖質が多くカロリーも高いので控えています。普段は口にしないため、食べると「おいしい!」という喜びがあるので、目標を達成したときのご褒美としていただいています。

自己管理ができなければ、いくら仕事に打ち込んでも高いパフォーマンスは出ません。もし、一生懸命に取り組んでいるのに、なかなか結果が出ないとしたら、やり方の検証も大事ですが、案外目が向かない自己管理に問題があるかもしれません。

一度生活を見直してみましょう。

第6章

結果を倍増させるための！「チームの作り方＆戦い方」

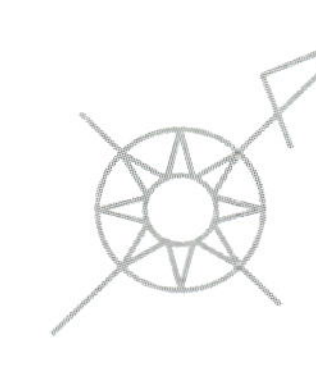

協力者を見つける最短ルートは、交渉よりも自分磨き

▼輝いているだけで、人はどんどん集まってくる

人は情熱的でキラキラ輝いている人に惹きつけられます。

周囲の協力を得たいとき、「どうか、協力をお願いします！　できることは何でもします」という姿勢も大切です。

しかし、**それ以上に重要なのは、「自分が輝いている」こと**です。

なぜなら、一生懸命に誰かに協力を依頼するより、自分を磨くことに一生懸命になったほうが、周囲はより協力的になるから。

人は情熱を共有したいと考える傾向がありますが、**あなたが情熱的に輝いているほど、相手はその情熱に魅了され、惹きつけられる**のです。

「はじめて本を出すけれど、何をどうしたらいいかわからない」とある方から相談を受けたことがあります。そこで私は次のように答えました。

「本作りに関しては、あなたは初心者なのだから、内容はプロに任せて、まずは、自分自身を輝かせる努力をすることが大事です。あなたが輝いていれば、出版社や編集者がその『輝く秘訣』を探り出し、『この人だったら、こういう方向性の本がいい』と提案してくれるでしょう」

他の仕事でも同様です。

まずは自分を輝かせることが大切。周囲の人を立てるよりも、自分に時間とお金をかけて、自分を磨き、輝かせるのです。

▼頑張っているのに人が集まらないのはなぜか？

自分を押し殺して、子どものため、会社のため、人のためだけの行動をしていると、自分がくすんでいきます。くすんでいると周囲は注目してくれません。**くすんでいる人の周**

りには人は集まってきません。

くすんでいる鏡とピカピカでキラキラの鏡があったら、どちらを使いますか？

選ばれるのはキラキラした鏡のほうです。キラキラした明るい人が選ばれ結果を出せます。だから、「自分磨き」が大切なのです。

キラキラ輝いていると、相手は「この人と仕事がしたい」と思います。

成果を出していれば、仕事の依頼も増えていくでしょう。

また、周りが協力的になって、さまざまな機会を与えてくれて、思いがけないほど、物事がスムーズに進むことがあるのです。

キラキラ輝く人、くすんでしまう人というのは、

何となくイメージできると思いますが、最後にそれぞれの例を挙げることで、よりイメージしやすくしますね。

キラキラ輝く人の例

「自分のしたいことを楽しんでしている人」

「仕事でも趣味でも遊びでも、情熱を持って生きている人」

くすんでいる人の例

「我慢している人」「悩みを抱えて前向きでない人」「行動しない人」「夢や希望や目標がない人」「不規則な生活の人」「健康と食を考えていない人」

さて、あなたはどちらの人ですか？

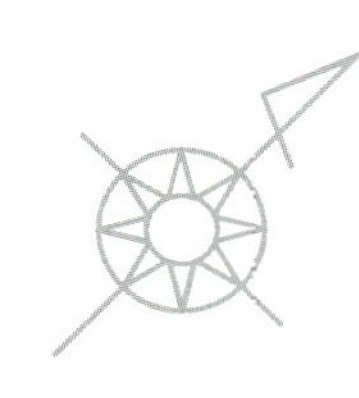

「引き寄せの法則」が好きな人たちが陥る罠

▼思考していただけでは現実化しない

ポジティブな思考をしていると、ポジティブな結果を引き寄せられる。
ネガティブな思考をしていると、ネガティブな結果を引き寄せてしまう。
このように、思考は現実を形作るものであり、これを「引き寄せの法則」といいます。

しかし、思考をしていただけでは、現実を引き寄せることはできません。当たり前のことなのですが、そこに気をとられている人は、現実に目が向いてなさすぎです。**意識的にちゃんと〝行動に移すこと〟で、「引き寄せられる人」になる必要があります。**

本を出したいのであれば、出版社に引き寄せられる人に、お金がほしいのであれば、お金に引き寄せられる人に、Aさんを恋人にしたいのであれば、Aさんから好かれる人にならないといけないのです。

「本を出したい」「お金がほしい」「恋人になってほしい」と**口に出したり願ったりしているだけでは、現実化しません。**

ではどうするか。現実化するための第一歩は、**「引き寄せるために何が必要なのだろう」と自問自答することです。**

本を出したいのであれば、「出版社はどんな特性を持った人の本を出したいのだろう？ そのために、自分には何が必要なのだろう」と考える。

お金がほしいのであれば、「お金を稼いでいるのはどんな人なのだろう？ そのために、今の自分には何が必要なのだろう」と考える。

Aさんを振り向かせたいのであれば、「Aさんはどんな人が好きなのだろう？ Aさんが望む人になるために、今の自分には何が必要なのだろう」と考える。

必要なものが明確になったら、それを実現するための具体的な行動に移しましょう。

▼アプローチは、相手の必要なものを調べてから

結果を出すには、双方向通行の関係が不可欠です。

恋愛を例にすると、「自分がつき合いたい」と一方的に相手を思っていても、相手から承諾を得られなければ、両想いにはなれません。そのために、相手のニーズを理解し、相手の目線に立ってリサーチすることが重要です。**相手が求めているものを把握した上で、それに応じたアプローチを考えます。**

相手がグルメであれば、おいしい店の情報を集めて、相手が好みそうなレストランを選び、デートに誘う。それを繰り返すうちに、両想い（双方向通行）になる可能性が高まり、めでたく想いも遂げられるでしょう。

恋愛に限らず、相手に必要とされる人になってはじめて、物事は引き寄せられるのです。

▼ある結果がほしい

▼結果を得るために相手がほしがっているものは何かを考える（相手目線で物事を考える）

▼必要なものを揃える

▼結果が出る

単純なステップです。「相手目線で物事を考える」ステップを入れるだけで、結果は大きく変わってくるでしょう。

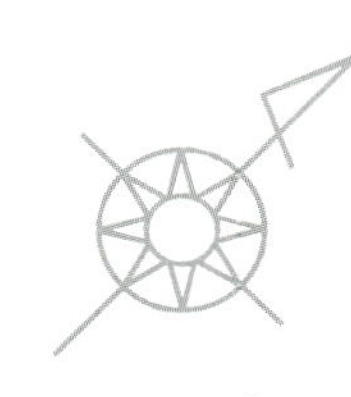

すべて自分の責任と考えるほうが、むしろラクで、早く問題解決ができる

▼自分でできることのほうがたくさんある

「この世界で起こるすべての出来事は、自分の責任である」と考えると、問題が解決しやすくなります。

責任が増えると厄介では？と思うかもしれませんが、そうではありません。ご説明しますので、一度聞いてください。

たとえば、飲食店を経営しているとします。

雨の日にお客様の入りが少なかった場合、「雨が降ったのは自然現象であり、不可抗力だからしかたがない」と考えることもできます。すると多くの経営者は、お客様のいない店内で雨が止むのをボーッと待つだけの行動を取るでしょう。

しかし、雨が降ったのも自分の責任と考えた場合、**頭の中で「〝責任があるから〟どうにかしなければ」という思考に変わります。**

「雨の日キャンペーンで、アルコール1杯に、小さなおつまみ1点サービスのセットを出してはどうだろう」あるいは「雨の日割引で総額の10％引きにしたらどうかな？」と積極的に考えるようになります。

すべてが自分の責任と考えると、普段生まれてこないアイデアが生まれてきます。自分次第であらゆる対応ができるのです。

もしこれで予想以上の集客と利益があったのならば、**今後も同じ状況になったら続ければいい**し、晴天のときでも客足が減る場合に試すのもアリかもしれません。**思うほどの結果が出なくても、結果が出ないという貴重な情報が手に入ります。**

同じように、**チームがうまくいかないのもリーダーである自分の責任と考えます。**自分がリーダーであれば、結果が出なかった場合、すべて自分の責任として考えます。

一人一人の部下が動かない、あるいは、部下が失敗したのは自分の責任です。

誰かのせいにしていては、建設的な考えはなかなか生まれません。しかし、自分の責任

と捉えると、自分にできる改善点を上げられるようになります。

たとえば、

▼自分の部下への接し方に問題がなかったか？
▼部下が自分に対して、ものが言いやすい環境を作れていたか？
▼コミュニケーションは円滑に取れていたか？
▼教育の制度は機能していたか？
▼人員配置、役割分担は適切だったか？
▼目標設定に無理はなかったか？

これらの改善点は、**自分の取り組み次第で変えることができます。**

よく言われるように、**「相手を変えるのは難しいが、自分を変えるのは容易」**です。自分の責任と考えることで、あらゆる問題が解決に向かいます。

自分で責任を持つのはしんどい、という考え方は誤りです。自分で責任を持つことでスムーズに問題の解決ができます。思いもしなかったところまで、自分の思い通りに行動を起こせるのです。

▼「責任を取って辞める」は責任を取ったことにならない

「責任を取る」というと、「責任を取って辞める」ことをイメージする人が多いかもしれません。

酷(こく)なことを言うかもしれませんが、私は「辞めたからといって、責任を取ったことにはならない」と考えています。

「結果が出ないことに対して、すぐ辞めるのではなく、辞めるにしても、責任を果たしてから」が正解です。責任を全うするとは、これまでのやり方を総点検して、できる改善策を練った上で結果を出すようにすることになります。

もし、責任を取って辞めるのであれば、改善への道筋を示した上で辞めるのが社会人としての筋だとも思います。

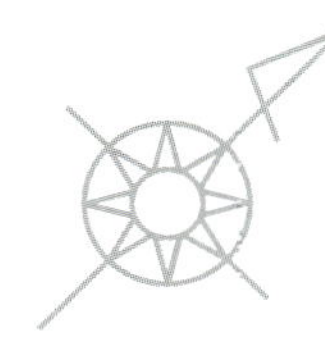

「自分の希望」を「チームの希望」として共有してもらう方法

▼自分がなぜその行動をとるのか説明すればいい

40代のある男性編集者から、「仕事をしていて、家族と過ごす時間が少なくなると、家族から反発されることがあるんです。どうしたらいいと思いますか？」と相談されました。仕事で帰りが遅い、週末も仕事で家にいない、家にいたとしても一人で部屋にこもって仕事ばかりしているため、家族から不満をぶつけられる、というのです。

家族から見れば、自分たちと一緒にいない時間に、どんな仕事をしているのか、何をしているのかがわからない。離れている時間が長いと家族になった意味を見出せない、将来もずっとこの生活が続くのか不安……。だから、反発が生まれます。

見ないから、わからないから、不安になっているわけですから、**わかるように、不安を**

取り除くように説明をするといいでしょう。

何にどのくらい時間がかかっているのか、自分が何のために今の行動をしているのか、今の仕事をやり遂げた先に（家族も含め）どんな未来が待っているのか、自分が仕事を成し遂げることで家族にどんな価値をもたらすのかなど、一つ一つをきちんと話します。

何をしているかがわかれば、家族も安心するはずです。

自分の目標や価値を話すだけでなく、自分が行っていること（仕事）が、家族にとってどんな価値をもたらすのかを共有します。すると、**「パートナーの仕事が、自分たち家族の未来に深く関わっている」ことがわかるので、協力的になります。**

家族としての思いを共有することで、「チーム」という感覚が生まれるためです。

これは、**家族に限らず、職場のチームの協力を得たいときも同じ**です。

自分の動きがチームから反発を招いているのであれば、自分の行動がチームにどんなメリットをもたらすのかを丁寧に説明することが重要です。チームに理解してもらえれば、協力を得ることができます。

説明するのが面倒と思うかもしれません。

でも、それは逆です。**説明しないからこじれて、余計に面倒なことが起きてしまっているる**からです。

先の編集者の家族の例で言うと、本当は週末に会社に行くと仕事がはかどるのに、「家族に説明するのが面倒」という理由で、無理して会社に行かないようにしたとしましょう。

最初のうちは満足するかもしれませんが、結果として、仕事がたまるし、ストレスもたまる。そうなると、いい仕事ができません。家族に対してキツく接してしまい、結果的に家族間の仲もぎくしゃくしてしまって、望まない結果ばかり出てしまう可能性もあります。

説明しておけば、周囲から理解され、心置きなく自由に行動ができます。

自分の行動を周囲に納得してもらうのに必要なのは、説得や論破ではなく、説明して共感を得ることなのです。

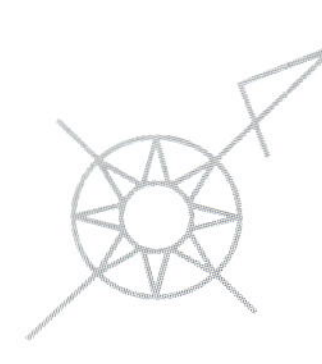

採用選考ではスキルや実績は二の次。「印象の良さ」が決め手

▼極限まで無駄をそぎ落とした「シンプルな教育プログラム」を使い倒す

ときどき「井上先生の歯科医院では、どういう基準で人材を採用していますか？」と尋ねられます。

地方の多くの町と同様に、帯広にある私の歯科医院も、募集をかけても選考できるほどの応募は集まりません。

しかし、誰でもいいわけではありません。**「印象の良さ」は譲れないポイントです。ス**

キルや実績は二の次としています。

「印象」を変えるのは容易ではありませんが、スキルは教育によって伸ばすことができます。「いのうえ歯科医院」では、選んだ人をゼロから育てる人材教育を大切にしています。

教育プログラムはオリジナルで構築しています。

「いのうえ歯科医院」では前述したように、早くから国際規格であるＩＳＯを２つ取得しています。ＩＳＯ９００１では、教育プログラムやその運用監査の評価基準表も作る必要があります。

たとえば新人が入ってきたら、いつまでに○○という教育をする、それに対して、各部門の教育担当者が評価をする。**教育担当者についても、きちんと教育ができているか評価する評価基準表もあります。**

この教育プログラムができているかを含めて、年に一度ＩＳＯの審査員が来院して、２日ほどかけて審査をします。できていなければ、１カ月以内に是正して、報告書を提出する必要があります。それができないと、停止になったり、取り消しになったりするのです。

世界中で認められたマネジメントシステムにおける教育プログラムは、異なる文化や背景を持つ人々にも理解されやすいものです。どの文化の人にとっても必要なものだけで構築されており、無駄がそぎ落とされたシンプルな設計になっています。

物事は、完成されたものほど洗練されてシンプル。**教育プログラムも同様にシンプルであるほど、使いやすく、効率的**です。

一方、行き当たりばったりの人材教育は、本当に人材が育成されているか疑問が残ります。

教育プログラムを作り込んでも、あまりに独自性に突っ走ると複雑になりがちで、運用が難しくなる危険性が高まります。

本当に人を育てようと思うのであれば、しっかりとした教育プログラムを作るのは当然ですが、運用しやすいかまでチェックすることが大切です。

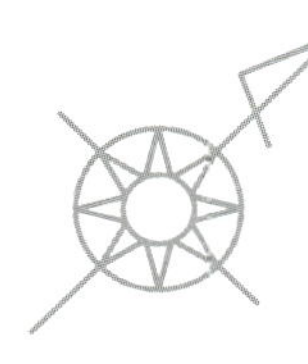

自分に必要な人には、自分からアプローチしていく

▼パーティーやSNSで、意味なく人とつながらない

異業種交流会に行って名刺を配る。たくさんの人とつながる。パーティーに行って、尊敬する人とあいさつする。その人とつながろうとする。推し活に行く。メンバーとつながろうとする。

最近はネット上でもつながりは一層増えており、SNSやメールのやりとりをして、つながりを強めようとする。

悪いことだとは思いませんが、**意味なく多くの人と「つながっている」とすれば、それは無駄な行動であり、時間の浪費です。**

つながるのは、「自分にとって価値のある人」「自分が興味のある人」だけでいいのです。

では、自分にとって価値のある人とはどういう人か？　それは、**自分が求めているものを提供してくれる人**です。

私であれば歯科医師ですから、たとえば患者さんを紹介してくださる方です。

私は著者でもあり、本を作っていきたいわけですから、本作りを一緒にしてくれる編集者、ライターさんも大切な存在。本を売ったり、買ったりしてくださる人にも興味があります。

極端に言えば、何億円ものビジネスをしたいわけではないので、ビジネスで大成功している人は、私にとって価値のある人とは言い難いです。

いろいろな業界の有名人であっても、自分に何か価値をもたらさないのであれば、つながらなくていいと考えています。

▼優先順位を決めることで、集中力まで高まる

重要なのは「自分にとって何が大切なのか」を知っておくことです。すると、物事の優先順位がわかるため、明確な態度を取ることができます。

「何となくやる」「意味なくやる」がなくなれば、やるべきことに集中できて、結果を出しやすくなるのです。

本当につながりたい人がいるのならば、パーティーに行ってもいいし、自分からどんどんアプローチするべきです。

たとえば、あるパーティーに自分がつながりたい人が参加することがわかったのであれば、万難を排してスケジュールを調整し、そのパーティーに参加して、必ず名刺交換をして、つながるようにします（私は普段名刺を持ち歩きませんが、自分がつながりたい人が参加するパーティーでは必ず名刺を持参します）。

パーティーが終わった後は、必ずメールで御礼をして、「今度お茶をご一緒しましょう」「今度ランチでもご一緒にいかがでしょうか」のように、**次につながる言葉を加えたりします。**

必要な人にはものおじせず、積極的にアプローチすることが大切です。

無駄なパーティーに行くくらいなら、その時間を自己研鑽に使う

パーティーなど人が集まる場は、「誰かとつながる場」ではなく、「つながりたい本命の人とつながる場」と捉えるのであれば、意味があります。

ではなく、パーティーで不特定多数の人に「名刺交換をしてください」と頭を下げるのであれば、**その時間を自分磨きに使って、「名刺交換をしてもらえませんか？」と頭を下げられる人になったほうがいい。**

あるいは、**自分がつながりたい本命の人とつながる日に備えて、自己研鑽をしたほうがいい**のです。

社交の場は、出会った後のほうがはるかに大事

時間には、価値ある時間と価値のない時間があります。資産になる時間と負債の時間がある、と言い換えてもいいでしょう。

目の前、目先のことに対して一生懸命行動をしているのに、その行動が将来価値のある時間に結びついていない人が多い気がします。今の行動を将来の価値ある時間に結びつける必要があります。

たとえば、人に誘われてパーティーや食事会に参加したとします。けれども、その出会いが1年後、2年後に役立つ出会いになっていません。

すごく面白そうな人だから会いたい。その気持ちはわかりますし、何かしら自分の人生にヒントがあるかもしれない。

けれども、**結果的にはその場だけ「面白い人に会えた。あー、面白かった!」で終わってしまいがち**です。

その人に会って聞いた話を、自分の価値に変え

る必要があります。でも残念ながら多くの人が、価値に変える能力を持っていません。

出会いから何か生まれることはあります。事実です。

しかし、出会いから何かを生み出せるのは、価値に変える能力がある人に限ります。

ほとんどの人にとって、パーティーや食事会に行く理由は、「暇だから」あるいは「寂しいから」「一人でいたくないから」です。

どうしても行きたいからと、多少忙しくても自分の時間を捻出してまで参加する人は案外少ない。能動的ではなく、受け身の姿勢で時間を使っている人があまりに多いのです。

パーティーや食事会、イベントは、本当に行きたいときだけ行き、行った以上は、必ず出会いを価値に変えましょう。

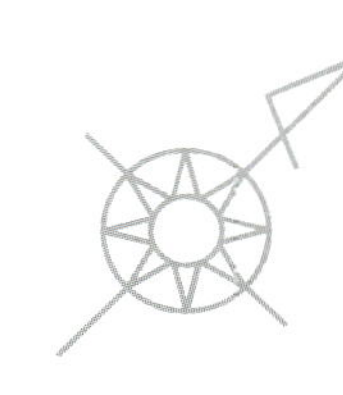

「冷静沈着」至上主義だと半分正解。感情と上手につき合う人がうまくいく

▼自分の喜怒哀楽を知ってもらうとコミュニケーションが深まる

社会のあらゆる問題は、基本的には理性で解決していきます。感情を入れず、合理的な思考や論理的なアプローチで片付けます。感情を入れると、冷静さを欠き、客観的に思考できなくなり、対立を生む場合があるからです。

しかし、人間である以上、感情を大切にすることも必要です。

喜怒哀楽は人間らしい温かみを作ります。**感情をうまく出せれば魅力的な人になれます。**

ドラマを観て涙ぐんでいる、大声を出して笑っている、人に迷惑かけない程度にちょっとしたことで怒っている、少し不愉快そうにしている……。**いつも理性的な人の、このような人間らしい一面に触れたときに、人はほっとします。**

感情は神様が与えてくれたギフトです。四六時中、理性で感情を押しつぶしていたらもったいないですし、人間らしくありません。

ビジネスで人と会っているときには、極端に感情を出すことは控えるべきです。しかし、親しい間柄であれば、自分の感情をわかってもらうことは大事になります。

すなわち、

「どんなときに泣き」
「どんなことで笑い」
「どんなことで怒り」
「どんなことで楽しそうにする」

のかを知ってもらうことです。それによって、人間味のあるコミュニケーションができます。

いかに怒らないかが腕の見せどころ

喜怒哀楽を表現するのは大切です。しかし、「怒りの感情」をあらわにするのは、ビジネスの場面ではもちろん、親しい間柄でも控えます。

親しい間柄でも、怒っていいのは、あくまでも相手に「迷惑をかけない程度に」です。迷惑をかける怒りとは、相手や周りの人を驚かせるほど大声で怒鳴ったり、場の空気を萎縮(いしゅく)させてしまうほど怒り続けたりすることです。

怒って得られるものは何もありません。怒るのは自分の器が小さい、つまり相手を受け入れる許容範囲が小さい証拠です。たいていの人は怒ります。それでは、**結果の出せる特別な人になれません。**

裏切られたとき、不公平だと感じたとき、意見に反対されたときなどに人は怒りを感じます。

自分がそういう場面に遭遇したときは、怒りの感情を出すのではなく、**大きく深呼吸をして「ここは器を大きく」と自分に言い聞かせて、感情をなだめます。**

どんな場面でも怒らずに冷静でいられると一目置かれる人になり、信頼を得られます。

怒っている人の対処法は「受け流す」こと

逆に、怒っている人に遭遇した場合はどうすればいいのでしょうか。

「なんでそんなこと言うんだよ」と**応戦する人もいるでしょう。それでは、その他大勢と一緒になります。**

ポイントは「ああ、そういう考え方もあるんだな」と受け流すこと。怒ったことで、相手も「怒ってしまった」とある種の引け目を感じている場合もあります。**スルーすることで、相手がほっとする可能性もあります。**

また、人は誰でもそれぞれの価値観や感情があります。それを理解した上で、**受け止められるだけの器を持つことで、誰に対しても対応できる人になれるし、誰からも好かれます。その結果、得られるものが大きい**のです。

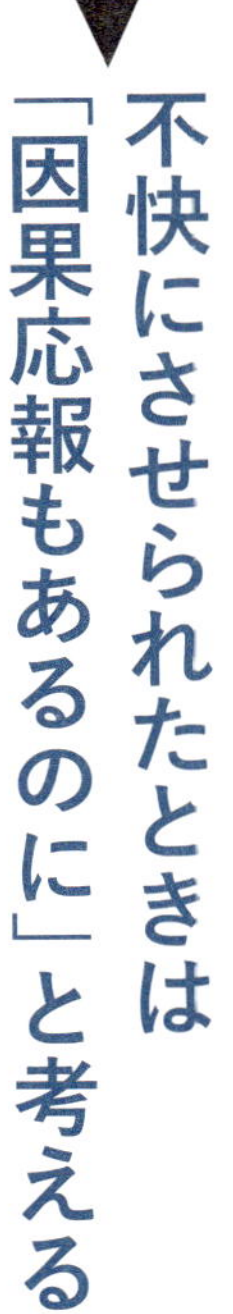

不快にさせられたときは「因果応報もあるのに」と考える

あまりにも不快になる人に対峙したときは、次の方法で心をまとめて受け流すようにします。

①因果応報と考える

「因果応報」は仏教の教えで、過去の善悪の行為が原因となって、その報いとして現在に善悪の結果がもたらされることをいいます。良い行いには良い報いが、悪い行いには悪い報いがある、ということです。

自分が不快なことをされたときには、「因果応報があるのに」と考えて心を収めます。

②「ギブ（与える）をしない人は成功しない」と考える

成功法則の一つに「ギブギブギブの精神で人に与え続ける人は成功する」という考え方があります。

たとえば、飲み会で支払いのときになると席を立つ人がいます。支払いを渋るのです。そういう人は結果を出せないし、成功が遠のきます。私の経験則からも事実です。

金払いの悪い人などに遭遇したときには、「ギブ（与える）をしない人は成功しないのに残念な人だな」と考えます。

③「原理原則に反した生き方をしている人は成功しない」と考える

多くの成功法則の本を読み、長く生きてくると、「原理原則（個人や社会の基本的なルール）に反した生き方をしている人は成功しない」ことがわかります。周囲の人のことを考えずに自慢話ばかりしていたり、価値観を押し付けたり、利用することしか考えていない人は、最終的には成功していません。

以上の捉え方をすると自分の心がラクになります。

おわりに

私は現在、61歳（1963年生まれ）です。一般的な定年年齢（60歳）を過ぎているため、たびたび、次のような質問をいただきます。

「井上先生は、何歳までお仕事をされるのですか？」

私の答えは、こうです。

「死ぬ前日まで、働きます。
死ぬ前日まで、稼ぎます」

開業医に定年制度はありませんが、仮に私がビジネスパーソンだったとしても、私は死ぬ前日まで働くつもりです。

私には「仕事をせず、年金や貯金を切り崩して生活する」「リタイアして、余生を楽しむ」という選択肢はありません。

歯科医師としても、作家としても、潜在意識の専門家としても、生涯現役であり続けます。

定年退職後に、「自分の存在価値が薄く感じるようになった」という意見を耳にすることがあります。

ですが私は逆の意見です。私は、

「人は60歳を越えても、大きな結果を出すことができる」

「人は60歳を越えても、新しいステージでの充実感を得ることができる」

と考えています。なぜなら、

「年齢を重ねるほど、独自性が増して、他者には代わりのきかない存在になっていく」

「年齢を重ねるほど、経験や知識が蓄積されて、より熟達したスキルがに身に付く」

からです。


私にとって、「悠々自適な人生」はつまらない。

私にとって、楽しい人生とは、

「次々と新しい扉を開けて、挑戦し、結果を出し続けること」

です。

結果とは、単なる成功を指すのではなく、学びや成長を通じて、「自分の価値と、自分の魅力を高める」ことです。

私と同世代で、私よりも大きな結果を出している人は大勢います。たとえば、ソフトバンクグループの創設者、孫正義さん。

孫さんが60歳のときに成し遂げた業績、実績、結果は、私のそれと比べて、はるかに大きい。ですが私は、こうも思っています。

「孫さんがソフトバンクを創設したのは、24歳のとき。私が『いのうえ歯科医院』を開院したのは、31歳のとき。その差は7年。孫さんのほうが7年多く事業に携わっているのだから、差があるのは当たり前。だとしたら、私もあと7年かけて孫さんに近づけばいい」

歩みを止めず、常に大きな目標を見据え、目標達成に向けて成長し続けることが、私の人生の目的です。

ビジネスパーソンは、定年退職が「キャリア」のゴール。ですが、定年退職は決して「人生」のゴールではありません。

60歳から、もう一度新しいチャレンジをスタートさせればいい。挑戦を続ける姿勢こそ、最期の日まで人生を楽しむための鍵です。

仮に80歳まで人生が続くのであれば、まだ20年間も未来を見続けることができます。やりたいことがあるのに、年齢制限を設けるのはナンセンスです。やりたいことがあるのなら、たとえ何歳でもあきらめず、自分を奮い立たせてください。

私は、還暦を過ぎた今が最も充実しています。そしてこの先も、今よりもっと輝く未来が待っていると確信しています。

60歳以降の人生を充実させるには、「60歳までの人生の過ごし方」が大切です。60歳になるまでに「新しいことに挑戦し、努力を怠らず、そして結果を得る」という経験を重ねてきた人は、その習慣を活かして、還暦後も充実した生活を送ることができるでしょう。若い世代の皆さんは、60歳以降も輝くために、新しい扉を開き続けてください。

一方で、還暦までの人生が理想通りに進まなかったシニア世代も、まだ遅くはありません。大切なのは、本書でも触れた通り、「過去の結果に縛られることなく、これからの時間をどう使うか」です。常に目標を持ち続け、正しい努力を積み重ねることで、人生はより豊かで充実したものになるのです。

本書を読んだ皆さんが、望む結果を手に入れることを願って、筆を置きたいと思います。

2025年1月　井上裕之

結果を出し続ける人が行動する前に考えていること

無理が勝手に無理でなくなる仕組みの作り方

2025年1月28日　第1刷発行

著　　者　井上裕之
発 行 人　川畑 勝
編 集 人　中村絵理子
編集担当　杉浦博道
発 行 所　株式会社Gakken
〒141-8416　東京都品川区西五反田2-11-8
印 刷 所　三松堂株式会社

●この本に関する各種お問い合わせ先
本の内容については、下記サイトのお問い合わせフォームよりお願いします。
https://www.corp-gakken.co.jp/contact/
在庫については　Tel 03-6431-1201（販売部）
不良品（落丁、乱丁）については　Tel 0570-000577
学研業務センター　〒354-0045　埼玉県入間郡三芳町上富279-1
上記以外のお問い合わせは　Tel 0570-056-710（学研グループ総合案内）